world of environmental design

Landscape of Recreation II (Amusement Parks)

Author	Francisco Asensio Cerver
Publishing Director	Paco Asensio
Consultant	Bet Figueras, Maria Jover
Text	Antonia Dueñas, Pep Fortià, Arturo Frediani, Raimon Oller, Manuel Pijoan Rotgè, José Serra
Proofreading	Carola Moreno, Tobias Willett
Translation	Trevor Foskett, Ginny Tapley
Photographers	Eduardo de Castro Mello and Claudio Cianciarullo *(Parque Aquático SESC São José do Rio Preto)*, Archeon, C. Beunder *(Archeon)*, J. Douglas Macy *(The Oregon Coast Aquarium)*, A. Blum *(New Biblical Zoo of Jerusalem)*, David Blackwood Murray, Clive McDonnell *(Euro Disney Magic Kingdom)*, Fotostudio Frits Schroeder *(Taman Indah)*, David Cardelús *(Marineland)*, Stefano Giraldi, Fondation Nationale "Carlo Collodi" *(Parco di Pinocchio)*, Efteling *(Efteling)*, David Cardelús *(Parc del Tibidabo)*, Taizo Furukawa, Hirotsugu Takahashi, Masafumi Koda *(Parque España)*, Stuart Green *(Healesville Sanctuary Wetlands Aviary)*, Estudio de Arquitectura Nombela *(Aquacity Water Park)*, Fort Collins, Co. *(AmeriFlora'92)*, F. Tanzini *(Giardino didattico Villa Milyus)*, Lluís Casals *(Bassa de Sant Oleguer)*, Max Deliopoulos, Stuart Green, The Melbourne Zoo *(Gorilla Rainforest)*, Stefan Byfield *(Night Safari)*, Andrew T. Allen *(Disney's Caribbean Beach Resort)*, Denton Coker Marshall Pty. Ltd. *(World of Primates in the Philadelphia Zoo)*, Jörg Gribl *(Walk-through Aviary at Munich Zoo)*, Eduardo de Castro Mello and Claudio Cianciarullo *(SESC Itaquera)*, Miklo's Csr'k *(Nagykállo Cultural Camp)*, Naohiro Ito and The Pension Walfare Service Corporation *(GreenPia Tsunan)*, Mick Hales *(Disney's Dixie Landings Resort)*
Graphic Design	Mireia Casanovas Soley, Quim Serra Catafau
©	FRANCISCO ASENSIO CERVER, 1994
Registered Office	Ganduxer 115, 08022 Barcelona Tel. (93) 418 49 10, Fax. (93) 211 81 39

ISBN 84-8185-004-7 (obra completa)
ISBN 84-8185-010-1 (volumen 6)

Dep. Leg. B-2452-1995

Printed in Spain

Without a doubt, this is one of the most varied and colourful volumes in the series *World of Environmental Design*. This is mainly due to its subject, the world of recreation in its different forms, all based on the concepts of amusement, leisure and recreation. The projects that make up this volume, the sixth in the series, share the desire to support the social individual's yearning for leisure and search for experiences to help them to escape from the large and stressful cities so common at the end of the XX century.

There have been two basic types of response to this situation: a desire to return to nature and a process of increasing ecological awareness. Unfortunately, these tendencies often collide with the barrier created by socioeconomic and speculative interests. The schemes discussed in this book, however, are examples of how to combine leisure requirements and pragmatism, by means of a treatment that respects and dignifies our most precious gift, the natural environment.

Although this feeling and these needs have not changed, social changes have notably influenced new leisure and recreation strategies. Leaving aside the question of sport, dealt with in another volume in this series, there are two basic groups of attitudes towards leisure: active and passive. As in any creative field, however, contemporary models and schemes make a straightforward division impossible, as modern leisure seeks to reduce the separation between participation and contemplation.

This is why it is very difficult to define functional categories in this creative area without using the traditional typological classification. So the criterion used to present the projects in this volume is to split them into three different types of leisure space: zoos, theme parks and amusement parks.

In general, the zoological gardens in the first group have traditionally been associated with the idea of contemplative, or passive, leisure, and this led to better care being paid to the visitor than to the animals. The degrading treatment of the animals, removed from their natural environment and reduced to the wretched category of an amusement, has improved greatly over the last decades. Increasing ecological awareness has rekindled the debate about whether this type of space is appropriate or not, and this is the main reason for the improvements in the conditions of captive animals.

These zoological projects are clear examples of the commitment of promoters and designers to reconciling the needs of the animals and the leisure requirements of the visitors. Landscaping is one of the basic means of achieving both these aims. First, the idea of captivity has been replaced by the recreation of biotopes and microclimates in order to help the animals, as far as possible, to adapt. Vegetation plays a very important role among the natural procedures used to do this. It fulfils three roles; a naturalistic environment, a source of food, and a contextual support for the animals' motor development, clearly seen in the World of Primates in Philadelphia Zoo (Hanna/Olin). Among the artificial techniques used are careful landforming and the use of systems to create microclimates, such as the Taman Indah in Blijdoorp Zoo in Rotterdam, by Gerard Schroeder.

With respect to the functional needs of the zoo, the projects show clear ecological and educational aims, as well as trying to conserve the animals' privacy and allow them to develop normally. Great attention is paid to the strategic layout of routes and the multiplication of visual perspectives. Two projects show this qualitative development; the Healesville Sanctuary Wetlands Aviary, where Green & Dale Associates experiment with the idea of "landscape immersion"; and the Night Safari in Singapore, where Consultants Incorporated Architects and Planners reveal the nocturnal behaviour of animals in their natural habitat.

The second main group is the theme parks, which show decidedly cultural aims. Most of them delve into traditional roots to recover aspects of the past of a region or country. This is what A. E. van Veen has done in Archeon (the recreation of three key periods in the history of the Netherlands, through their relation to water) and what the Hungarian

Dezsö Ekler has done in Nagykálló Cultural Camp (the recovery of national identity through architecture and landscape). The volume also includes quite different theme parks, such as the Pinocchio Park, an artistic and landscape homage to Collodi and his immortal wooden toy, and the recreation of a foreign culture, in Parque España by the Takenaka Corporation.

In the third group, recreational parks, we should distinguish between amusement parks and water parks. Amusement parks have the advantage of a much longer history as a form of recreation. This has made refurbishments necessary, and there are some very interesting projects, such as the Tibidabo amusement park (Grupo GLOBAL and Emilio Tramullas) and the adaptation to new leisure strategies of the Efteling park created by Anton Pieck. The spectacular arrival of water installations as a leisure alternative is a step forward in the development of participative leisure. These large open spaces have three essential parameters: adaptation to the surrounding landscape, and respect for its natural and ecological values; the treatment of water as a dynamic pleasure feature; and the role of the individual as an active element in a high-quality environment. This volume includes some of the most attractive examples of this type of leisure space, such as the two parks planned by Ícaro de Castro Mello Arquitetos Associados and built for the Brazilian commerce society (SESC) and Aquacity by Estudio de Arquitectura Nombela.

Sin lugar a dudas, éste es uno de los volúmenes más variados y coloristas de toda la colección *World of Environmental Design*. A ello contribuye decisivamente su temática: el mundo de la recreación, en todas sus vertientes tipológicas que giran en torno al núcleo conceptual de la diversión, el ocio y el esparcimiento. Los proyectos que figuran en este sexto tomo comparten la voluntad de comprometerse con los anhelos lúdicos del individuo social, necesitado de experiencias y vicisitudes que le ayuden a desvincularse de la agitada y masificada dinámica urbana que impera en las últimas décadas del siglo XX.

Ante esta situación, las reacciones se han orientado en dos direcciones básicas: un deseo de retorno a la naturaleza y un proceso de concienciación hacia los temas ecológicos. Desgraciadamente, estas tendencias se estrellan en muchas ocasiones contra la barrera de los intereses especulativos y socioeconómicos. Sin embargo, las obras que aquí se presentan son claros ejemplos de cómo se pueden conjugar las exigencias lúdicas y pragmáticas con un tratamiento que respete y dignifique nuestro bien más preciado, el entorno natural.

Aunque el sentimiento y las necesidades siguen siendo los mismos, la evolución de los comportamientos sociales ha influido notablemente en las nuevas estrategias de recreación y ocio. Dejando a un lado el tema deportivo, objeto de análisis en otro de los volúmenes de la colección, las actitudes ante el hecho lúdico pueden ser clasificadas en dos bloques básicos: el activo y el pasivo. No obstante, y como en cualquier otro tipo de experiencia creativa, los esquemas y modelos contemporáneos impiden realizar catalogaciones de carácter absoluto o categórico, debido a que las tendencias actuales del ocio pretenden reducir las distancias que separan los conceptos de participación y contemplación.

Por esta razón, resulta muy difícil establecer categorías funcionales dentro de esta parcela creativa, si no es recurriendo a la tradicional clasificación tipológica. Así, el criterio adoptado para presentar los proyectos que conforman el sexto volumen de la colección consiste en la diferenciación entre tres tipos de espacios para el ocio: los zoológicos, los parques temáticos y los parques recreativos.

Por regla general, el primer bloque tipológico ha estado asociado tradicionalmente al concepto de ocio contemplativo o pasivo, por lo que se prestaba mayor atención al visitante que al morador. Este tratamiento peyorativo hacia los animales, alejados de su medio natural y reducidos a la innoble categoría de atracciones, ha experimentado un notable retroceso durante las últimas décadas. La progresiva concienciación ecológica, que ha avivado la polémica sobre la conveniencia o no de este tipo de espacios, es la causa principal de este proceso de dignificación de la fauna en cautividad.

Los proyectos de carácter zoológico que se exponen en este volumen son claros ejemplos de la comprometida actitud adoptada por creativos y promotores para conciliar las necesidades de la vida animal con las exigencias pragmáticas y lúdicas de los visitantes. En ambos sentidos, la actividad paisajística constituye una de las bazas fundamentales para alcanzar ese compromiso. En el primer aspecto, la noción de cautiverio ha sido sustituida por la recreación de biotopos y microclimas que, en la medida de lo posible, faciliten la adaptación de las especies a su nuevo entorno. Entre los procedimientos naturales empleados para ello destaca el papel de la vegetación, cuya funcionalidad presenta una triple vertiente: ambientación naturalista; medio de alimentación; y soporte contextual para el desarrollo motriz de los animales, especialmente en el World of Primates del zoológico de Filadelfia (Hanna/Olin). Entre las técnicas artificiales hay que mencionar el cuidado perfilado orográfico o algunos sistemas de creación de microclimas, como el del Taman Indah del zoo Blijdorp de Rotterdam, obra de Gerard Schroeder.

Por lo que respecta a las necesidades funcionales del programa zoológico, se apuesta claramente por una voluntad ecologista, didáctica y educativa que, al mismo tiempo, preserve la intimidad y el desarrollo vital de las especies. Se presta especial atención al estratégico trazado de itinerarios y a la multiplicación de las perspectivas visuales. Dos ejemplos sirven para ejemplificar esta evolución cualitativa: el Healesville Sanctuary Wetlands Aviary, con el que Green & Dale Associates experimentan en el tema de la «inmersión paisajística»; y el Night Safari de Singapur, con el que Consultants

Incorporated Architects and Planners presentan los comportamientos nocturnos de la fauna en su hábitat natural.

El segundo gran bloque, el de los parques temáticos, está presidido por un decidido talante cultural. La mayoría de ellos ahonda en las raíces de la tradición para recuperar aspectos relacionados con el pasado de una región o país. Eso es lo que han hecho la paisajista A. E. van Veen en Archeon (recreación de tres momentos claves de la historia de Holanda a través de su relación con el agua) o el húngaro Dezsö Ekler en el Cultural Camp Nagykállo (recuperación de la identidad nacional a través de la arquitectura y el paisaje). Pero también hay ofertas temáticas que parten de otros presupuestos: el Parco di Pinocchio, homenaje entre artístico y paisajístico a Collodi y a su inmortal personaje de madera; o la trasposición cultural del Parque España, obra de Takenaka Corporation.

Por lo que respecta al tercer apartado, es preciso hacer una subdivisión entre parques de atracciones y acuáticos. Los primeros están avalados por un mayor peso histórico dentro de la tradición recreativa. No obstante, ese hecho ha obligado a realizar ejercicios de actualización tan interesantes como el del parque de atracciones Tibidabo (Grupo GLOBAL y Emilio Tramullas) o la adaptación a las nuevas estrategias de ocio del emblemático parque Efteling, de Anton Pieck. Por su parte, la espectacular irrupción de las instalaciones acuáticas como alternativa lúdica ha supuesto un nuevo paso adelante en la evolución del ocio participativo. Tres son los parámetros esenciales de estos grandes espacios abiertos: la integración en el entorno paisajístico, respetando al máximo los valores ecológicos y naturales; el tratamiento del agua como componente dinámico y de carácter esencialmente lúdico; y el protagonismo del individuo como elemento activo dentro de un contexto medioambiental altamente cualitativo. En el presente volumen se ofrecen algunos de los ejemplos más atractivos de estos espacios para el ocio: basta con citar los dos parques que Ícaro de Castro Mello Arquitetos Associados ha planificado y construido para el organismo institucional del comercio brasileño (SESC) o el Aquacity del Estudio de Arquitectura Nombela.

world of environmental design

Landscape of Recreation II (Amusement Parks)

Canvas sunshades and the gradins descending to the volleyball pool.

Protectores solares de lona y gradas que descienden a la piscina de voleibol.

Parque Aquático SESC São José do Rio Preto
Ícaro de Castro Mello Arquitetos Associados

Completion date: 1989
Location: Avda. Francisco das Chagas Oliveira, 1333, São José do Rio Preto
Client/Promoter: Serviço Social do Comércio (SESC)
Collaborators: Pure Water (water treatment); Dinael Zanin de Freitas (SESC unit manager)

Together with tourism, commerce is one of Brazil's main sources of income. Since 1946, the SESC (Serviço Social do Comércio) and the SENAC (Serviço Nacional de Aprendizagem Comercial) have been responsible for promoting the social welfare and training of the staff of the commercial sector. This task has taken the form of a series of operative, cultural, entertainment and sporting installations, of which the São José do Rio Preto aquatic park is one of the latest and most successful expressions.

About 450 km from São Paulo and with a population of approximately 300,000, the city of São José do Rio Preto has undergone spectacular economic growth over the last decades, and this has made it the commercial centre of its region. This led the SESC to consider the need to construct a new recreation facility to satisfy the growing demand for cultural, sporting and entertainment alternatives for the city's merchants, a significant proportion of the population of Rio Preto.

To carry out a project of this nature, the management of SESC had no doubts about commissioning the company Ícaro de Castro Mello Arquitetos Associados, not only for their international prestige in the design of this type of installation, but also for the excellent results of their previous collaborations, such as the Itaquera complex, (also discussed in this volume). The company was founded in 1972 and is now managed by the architects Claudio Cianciarullo and Eduardo do Castro Mello.

Eduardo do Castro Mello graduated in 1970 from the Architecture and Urbanism School of São Paulo University, while Cianciarullo graduated from the School of Architecture of Mackenzie University in 1964. Their professional career includes several aspects that have contributed to their training and reputation; specialist courses, lectures, seminars and a range of publications. Although the company is usually associated with recreational and sports architecture, they have also worked in other fields. Most of their work has been in Brazil, with such significant works as the Brasilia-DF and Corinthians stadia, and recreational projects, such as the Atlantis Hotel Estância Barra Bonita and the Termas Aguativa. Their awards include the Gold Medal of the Salão Paulista de Belas Artes and the diploma awarded by the jury of the International Architecture Biennial.

The new Rio Preto complex's origin lies in the agreement signed in 1987, in which the local council ceded the SESC a plot of 16,214 m^2 for the construction of a recreational and cultural centre. The chosen site is at the junction of two of the most important roads in the city, the Avenue Francisco das Chagas Oliveira and Avenue José Munia.

The scheme's conceptual parameters are determined by the SESC's social philosophy, developed over its half-century of existence. According to Abram Szajman, president of the two commercial institutions, the intention was to continue developing the recreational projects built in the 1970s. The difference is that it now seeks greater modernisation and extension of cultural and leisure activities, with special emphasis on the following concepts: the creation of recreational water parks with socialising areas; flexibility in the integration and the separation of functions; versatility of use; and the great importance of landscaping.

On the basis of these elements, the members of Ícaro de Castro Mello Arquitetos Associados designed a scheme covering 7,835 m^2 of covered installations and 5,705 m^2 of areas without cover. The scheme includes a total of 13,540 m^2 for activities and infrastructure, with a capacity of 3,500 visitors a day. The site's remaining available area will receive a landscaping treatment to integrate it into its setting, bearing in mind the very hot climate, and the requirements of the local Atlantic vegetation.

The installations as a whole occupy less than 50% of the total site, with three main blocks of functions. These are cultural (amphitheatre, cinema and video projection, a socialising area, two multipurpose rooms, and a gymnasium that can be used to hold cultural events); entertainment and sports (water parks, solarium, green spaces, gym and dance halls, a sports centre, and two outside games tracks); and social assistance (medical and dental services, educational programmes and social tourism).

The most representative areas, however, are the sports and recreational facilities, concentrated along Avenue Francisco das Chagas Oliveira. The water park's design is divided into three different swimming pools, with the shapes and depths corresponding to different uses. The main pool covers 616 m^2, while the children's pool covers 240 m^2

Great care was taken on the connections between the different levels of water.

A small 32-m² swimming pool for volleyball.

General view, showing the circular swimming pool and the raised pedestrian bridge.

The ramps encourage circulation between the different pools.

La comunicación entre los niveles acuáticos está muy cuidada.

Pequeña piscina de 32 m² para la práctica del voleibol.

Vista general, con piscina circular y puente peatonal elevado.

Las rampas facilitan la circulación entre unos vasos y otros.

and is characterised by its sinuous outline and the layout of the slides. Next to the open-air tracks and on a lower level there is a small 32-m² swimming pool for people to play water volleyball. Communication with this level is by circular gradins that also allow the public to watch the sports.

The water covers 1,005 m² of the total surface area and is characterised by a distribution that encourages fun and leisure: its high quality is based on spatial connection using ramps, bridges, slides, water jets, waterfalls, and artificial islands of great aesthetic and leisure value; the comfortable solarium with a capacity of 1,600 people, with attractive canvas sunshades; the major infrastructure required by a leisure centre of this nature, paying special attention to the requirements of the physically handicapped; and the integration of green spaces into the activities of the recreational complex.

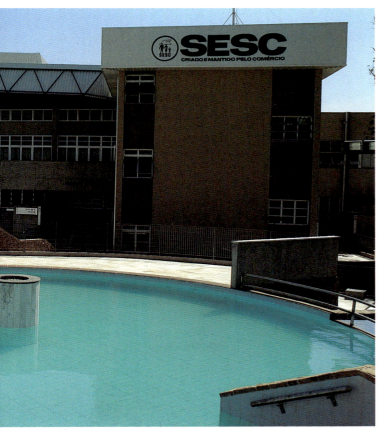

Next to the open-air tracks is a swimming pool with a semi-competitive design.

The arrangement of the features embellishes the aesthetics of the complex.

Circular swimming pool with water jet, opposite one of the built structures.

Junto a las pistas descubiertas se ubica esta piscina de diseño semicompetitivo.

Los elementos de distribución enriquecen el diseño estético del complejo.

Piscina circular con surtidor, frente a uno de los cuerpos constructivos.

Junto al turismo, la actividad comercial es una de las principales fuentes de ingresos de Brasil. Desde 1946, las instituciones SESC (Serviço Social do Comércio) y SENAC (Serviço Nacional de Aprendizagem Comercial) se encargan de promocionar el bienestar social y la preparación del personal relacionado con el sector. Esta labor se ha concretado en una serie de instalaciones de carácter operativo, cultural, lúdico y deportivo, que tienen en el parque acuático de São José do Rio Preto una de sus últimas y más brillantes expresiones.

Situada a unos 450 km de São Paulo y con una población aproximada de 300.000 habitantes, la ciudad de São José do Rio Preto ha experimentado durante las últimas décadas una espectacular revitalización económica que la ha convertido en el foco comercial más importante de la región. Por esta razón, el SESC contempló la necesidad de construir una nueva unidad recreativa que satisficiera la creciente demanda de alternativas culturales, deportivas y lúdicas de los comerciantes del lugar, un número bastante significativo en el conjunto de la población riopretense.

Para llevar a cabo un proyecto de estas características, los responsables de SESC no dudaron en recurrir a la firma Ícaro de Castro Mello Arquitetos Associados, no sólo por su prestigio internacional en la proyección de este tipo de instalaciones, sino también por los excelentes resultados conseguidos en colaboraciones anteriores, como la del complejo de Itaquera (también analizada en este volumen). La sociedad, fundada en 1972, está dirigida en la actualidad por los arquitectos Claudio Cianciarullo y Eduardo de Castro Mello.

Este último obtuvo su graduación en 1970 por la Facultad de Arquitectura y Urbanismo de la Universidad de São Paulo, mientras que Cianciarullo se licenció en 1964 por la Facultad de Arquitectura de la Universidad Mackenzie. En su trayectoria se superponen diversas facetas que han contribuido a enriquecer su formación y solidez profesional: cursos de especialización, conferencias, seminarios y diversas publicaciones. Aunque el nombre de la firma suele asociarse con la arquitectura recreativa y deportiva, han abordado con éxito otros campos funcionales. El grueso de su producción se concentra en el país brasileño, con obras tan representativas como los Estadios de Brasilia-DF o Corinthians y proyectos recreativos como el Atlantis-Hotel Estância Barra Bonita o las Termas Aguativa. Entre sus galardones destacan la medalla de oro del

General view of the swimming pool in the children's sector.

The arrangement is not lineal, but by levels.

The uncovered area of the restaurant is surrounded by large trees.

Vista general de la piscina del sector infantil.

La distribución no es lineal, sino por niveles.

La zona descubierta del restaurante está circundada por árboles de gran envergadura.

Salão Paulista de Belas Artes y el diploma honorífico concedido por el jurado de la Bienal Internacional de Arquitectura.

El origen de este nuevo complejo riopretense se encuentra en el acuerdo firmado en 1987, según el cual la administración municipal cedía al Sesc un terreno de 16.214 m² para la construcción de un centro cultural y recreativo. El lugar escogido está emplazado en el encuentro entre dos de las arterias más representativas de São José do Rio Preto, las avenidas Francisco das Chagas Oliveira y José Munia.

Los parámetros conceptuales de la obra vienen determinados por la filosofía social desarrollada por el Sesc a lo largo de su casi medio siglo de existencia. Según Abram Szajman, presidente de las dos instituciones comerciales, se pretende seguir una línea evolutiva a partir de los proyectos recreativos construidos durante los años setenta. La diferencia con aquéllos es que ahora se apuesta por una mayor ampliación y modernización de las actividades culturales y lúdicas, poniendo especial énfasis en los siguientes conceptos: creación de parques acuáticos recreativos, dotados de áreas de convivencia; flexibilidad en las nociones de integración y separación de funciones; polivalencia de usos; e importancia destacada del tratamiento paisajístico.

A partir de estos elementos, los integrantes de Ícaro de Castro Mello Arquitetos Associados planificaron una intervención que comprendía unos 7.835 m² de instalaciones cubiertas y unos 5.705 m² de áreas descubiertas. En total, la actuación abarca 13.540 m² para actividades e infraestructura, con una capacidad diaria de 3.500 visitantes. El resto del terreno disponible está destinado a una labor paisajística de integración en el contexto, teniendo en cuenta la naturaleza atlántica de la vegetación autóctona y las condiciones climatológicas, con temperaturas altamente elevadas.

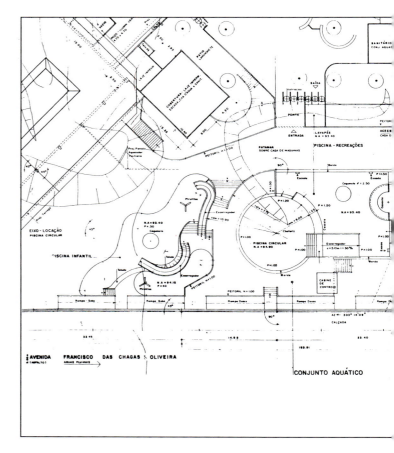

El conjunto de instalaciones ocupa menos del 50% del terreno global, con un programa de funciones que se puede dividir en tres bloques: cultural (anfiteatro, sala de proyección y vídeo, área de convivencia, dos salas polivalentes y un gimnasio que puede acoger acontecimietos culturales); lúdico-deportivo (parque acuático, solario, áreas verdes, salas de gimnasia y danza, pabellón deportivo y dos pistas de juego exteriores); y de asistencia social (servicios médicos y odontológicos, programas educativos y turismo social).

Sin embargo, la parte más representativa es la referida a los espacios lúdico-deportivos, concentrados a lo largo de la avenida Francisco das Chagas Oliveira. El diseño del parque acuático está distribuido en tres vasos de piscina, con morfologías y profundidades adecuadas a cada uso. El principal posee una superficie de 616 m², mientras que el sector infantil, con 240 m², se caracteriza por su perfil sinuoso y la disposición de toboganes. Junto a las pistas descubiertas y en un nivel inferior se ha dispuesto una pequeña piscina de 32 m² para la práctica acuática del voleibol. La comunicación con esa cota se realiza a través de unas gradas circulares que, al mismo tiempo, permiten la contemplación deportiva.

En total, la lámina de agua ocupa unos 1.005 m² de la superficie global y está caracterizada por un diseño distributivo que fomenta la diversión y el ocio. Su alto nivel cualitativo está basado en la articulación espacial a través de rampas, puentes, toboganes, surtidores, cascadas e islas artificiales de notables valores estéticos y lúdicos; la comodidad de un solario que puede acoger cerca de 1.600 personas, con expresivos protectores de lona; la potente infraestructura que exige un centro de ocio de estas características, prestando especial atención a las minusvalías físicas; y la integración de las zonas verdes en la dinámica del complejo recreativo.

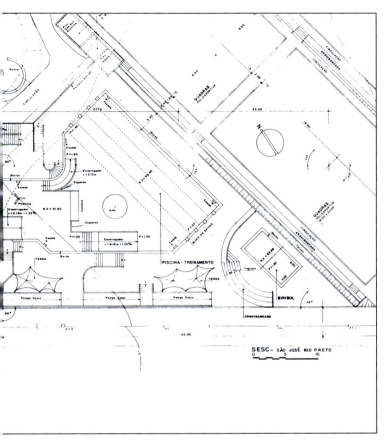

General plan of the water installations.

The design of the sunshades is simple but effective.

Planta general de las instalaciones acuáticas.

El diseño de los protectores solares es simple, pero eficaz.

Archeon

A. E. van Veen

Completion date: 1994
Location: Alphen aan de Rijn (Holland)
Client/Promoter: Archeon Foundation
Collaborators: Arenthals/Chaudron; Samson-Sijthoff

This article discusses one of the most fascinating recreational land-scaping projects, a work based on archeology but reconciling education and entertainment. This park, designed in the beautiful Dutch country-side by the landscaper A. E. van Veen, proposes a magical trip through Dutch history, avoiding the academic severity of museums, by favouring an interesting but educational approach in which contact with nature plays a major role.

Archeon is the fruit of a new concept of museum, inspired by the Archeon Foundation, formed by some of the Netherlands' most prestigious archeologists. Conceived as a theme park, the precinct offers the visitor the opportunity of a physical and cultural trip through the history of the Netherlands, from prehistory (5000 BC) to the beginning of the Dark Ages (500 AD) and including the period of Roman domination. This trip's main attraction is its faithful architectural and landscaping reconstruction of the lifestyles of each of the historical periods represented in Archeon.

The archeological and cultural aspect, conceived and advised by the foundation promoting the park, cannot be separated from A. E. van Veen's creation of the external spaces of Archeon. She graduated in 1983 from the Professional School of Landscaping and has specialised in the design and maintenance of recreational spaces, country estates and natural areas, as well as consultancy and informative activities.

Her professional experience has taken place within a variety of institutions: she was an independent professional for the authorities of

The built structures are integrated with the landscape.

Las estructuras constructivas se integran en el paisaje.

South Holland Province, and worked for four years for North Holland Province. She has also founded her own studio in Dordrecht with clients including public companies, several foundations and many architectural firms. As well as the Archeon project, where she is still working on questions of planting and maintenance, A. E. van Veen has recently worked on projects like the Floriade site, the design of several private gardens and a maintenance and conservation plan for a nature reserve.

The project that has brought her international prestige is this theme park, in which, through archeology, culture meets entertainment. Sited in the locality of Alphen aan de Rijn, at the centre of the "conurbation", almost equidistant from Amsterdam, Rotterdam and the coast of the North Sea, Archeon's site occupies an area of about 60 hectares. The best way to understand the characteristics of this remarkable project is to follow the trip through the park. This route begins at the access square, the main building of which was the Dutch Pavilion at the 1992 Universal Exposition in Seville.

The prehistoric period, chronologically the earliest, comes at the start of the tour, and dates back to the period after the last glaciation. This space clearly shows the original relation between human beings and the wild surroundings they had not yet domesticated. The recreation of the life of a hunter in a hostile environment required substantial changes to the site. Its excessive humidity was incompatible with the need for a dry raised area to represent the period better, so large quantities of sand were added and muddy areas were created next to rocky ones. An artificial pool was also constructed to represent the former Bergummer Lake (Begummermeer), as well as a reedbed on the banks of the river.

The reconstruction of the Roman period is basically organised around the watercourses that divide the park. This interprets the structure of the riverside colonies and the trading system of the times. The importance of the landscape has also been reduced in favour of recreating technical and architectural advances, meaning that the vegetation is subordinated to the buildings and restricted to the edges of the area.

The Dark Age reconstruction shows humanity's first attempts to dominate the environment. Overpopulation in the dry areas made it necessary to colonise the wetlands, a process that led to areas of peat favourable for farming. From an architectural point of view, the recreation of community life in the villages and cities is outstanding.

Three basic factors underlie the landscaping treatment; the layout of the paths, the water and the vegetation. The first consists of three types of paths, one for wheeled traffic, two pedestrian routes and a series of secondary routes that provide better access to different areas. The references to water are a perfect reflection of the Dutch people's relationship to the liquid element. During prehistory hunters chose to live in high, dry areas, but with a stream nearby so they could obtain water and food. In Roman times life was organised alongside rivers, while the Dark Ages saw the beginning of their struggle against the water. All the Netherlands' wetland habitats are represented in Archeon, showing this element's fundamental role in the country's life and history.

The vegetation's role in the park, like that of the water, is to serve as a support for different reconstructions: in prehistory, enclosed and uncultivated; in the Roman period, subordinated to architecture; in the

View of several prehistoric dwellings.

The staff, appropriately dressed, show the customs of each period.

Frontal view of one of the hunters' dwellings.

Water plays an important role in Archeon.

View of the Dark Age sector.

Vista de varias cabañas prehistóricas.

El personal, convenientemente caracterizado, muestra las costumbres de cada época.

Toma frontal de una de las viviendas de los cazadores.

El agua forma parte fundamental de Archeon.

Vista de la zona medieval.

Dark Ages, open and cultivated. The plantings use the most characteristic species, like oak, birch, pines and several types of willow. A. E. van Veen's aim is that over time the vegetation should reach a level of ecological maturity that will help to reinforce the accuracy of the different periods recreated.

Una de las propuestas más fascinantes del paisajismo recreativo contemporáneo es la que se presenta en estas páginas, una obra que, partiendo de la base de la arqueología, concilia bajo un mismo prisma los conceptos de enseñanza y diversión. El parque diseñado en la hermosa campiña holandesa por la paisajista A. E. van Veen propone un mágico itinerario por la historia neerlandesa, evitando la severidad académica y museística para apostar por un tratamiento lúdico pero didáctico, en el que el contacto con la naturaleza adquiere un papel fundamental.

Archeon es el fruto de un nuevo concepto museográfico, tras el cual se encuentra la fundación que lleva el mismo nombre, formada por algunas de las más prestigiosas figuras del panorama arqueológico de los Países Bajos. Concebido como parque temático, el recinto ofrece al visitante la posibilidad de recorrer física y culturalmente el pasado neerlandés, desde los tiempos prehistóricos (5.000 a. de C.) hasta los albores de la Edad Media (año 500 de nuestra era), pasando por la época de dominación romana. No obstante, el principal atractivo de este recorrido reside en la fidelísima reconstrucción arquitectónica y paisajística de los sistemas de vida de cada uno de los momentos históricos representados en Archeon.

La parte cultural y arqueológica, concebida y asesorada por la fundación promotora del parque, no puede desvincularse de la prodigiosa recreación que A. E. van Veen ha ideado para los espacios exteriores de Archeon. Licenciada en 1983 por la Escuela Profesional de Paisajismo, la autora se ha especializado en la proyección, diseño y mantenimiento de espacios recreativos, fincas rústicas y terrenos naturales, así como en actividades de asesoría e información.

Su experiencia laboral se ha forjado desde varias plataformas institucionales: como profesional independiente para el ayuntamiento de la provincia Sur de Holanda; y, durante cuatro años, como empleada por la provincia Norte de Holanda. Asimismo, la autora ha fundado su propio despacho en Dordrecht, y entre su clientela se cuentan empresas públicas, diversas fundaciones y numerosas firmas arquitectónicas. Además del proyecto de Archeon, al que todavía se encuentra vincula-

The plantings and the water recreate the Dutch landscape.

One of the dry areas in the prehistoric sector.

The logotype of the theme park.

Reconstruction of a small waterfall.

La vegetación y el agua recrean el paisaje holandés.

Uno de los parajes secos de la época prehistórica.

Logotipo del parque temático.

Reconstrucción de una pequeña cascada.

da en cuestiones de plantación y mantenimiento, A. E. van Veen ha trabajado recientemente en proyectos como el de los terrenos de Floriade, el diseño de varios jardines privados y un plan de mantenimiento y conservación para una zona natural.

No obstante, la realización que ha cimentado el prestigio internacional de la paisajista es este parque temático en el que, a través de la arqueología, se dan la mano la cultura y la diversión. Emplazado en la localidad de Alphen aan de Rijn, en el centro de la llamada «Conurbación» y a una distancia prácticamente equidistante entre Amsterdam, Rotterdam y la costa del mar del Norte, el recinto de Archeon ocupa un terreno de unas 60 Ha. Para comprender mejor las características de esta singular obra, el método más indicado consiste en seguir el itinerario que marca el propio parque. Éste se inicia en la plaza de acceso, para la cual se ha aprovechado como edificio principal el pabellón neerlandés de la Exposición Internacional de Sevilla, celebrada en 1992.

La época prehistórica, la primera en orden cronológico y de visita, se remonta al periodo posterior a la última glaciación. En este espacio es donde mejor se puede observar la relación primigenia del hombre con un entorno salvaje al que aún no ha logrado domesticar. La recreación de la vida del cazador en un medio hostil obligó a introducir algunas modificaciones en las propiedades naturales del terreno. Su excesiva humedad era incompatible con la necesidad de encontrar una superficie elevada y seca para escenificar mejor la época. Por esta razón, se añadieron grandes cantidades de arena y se crearon áreas enlodadas junto a otras rocosas. Además, se construyó un estanque artificial que representa el antiguo lago de Bergummer (el Bergummermeer), así como una zona de cañaverales junto a las riberas fluviales.

La reconstrucción del periodo romano está básicamente organizada en torno a los cursos de agua que recorren el parque. Con ello, se traduce la estructura de colonias ribereñas y el sistema mercantilista de la época. Asimismo, se ha reducido la importancia del paisaje en favor de la recreación de los avances técnicos y arquitectónicos, por lo que la vegetación se subordina a los edificios y a las lindes del terreno.

Por último, la reconstrucción de la era medieval evidencia las primeras tentativas del hombre para dominar el medio natural. La superpoblación en las áreas secas obligó a colonizar los territorios húmedos, proceso a partir del cual se originaron zonas de turba favorables para el cultivo. Desde un punto de vista arquitectónico, la recreación de la vida comunitaria en pueblos y ciudades es lo más destacado.

Por lo que respecta al tratamiento paisajístico, tres son los parámetros fundamentales de la intervención: el trazado circulatorio, el agua y la vegetación. El primero comprende tres tipos de vías, una para tráfico rodado, dos rutas peatonales y una serie de trazados secundarios que sirven para acceder mejor a las zonas recreadas. Por su parte, los referentes acuáticos reflejan a la perfección la relación de la comunidad neerlandesa con el elemento líquido. Así, durante la prehistoria los cazadores elegían para vivir zonas secas y altas, pero con un arroyo cercano que les procurase agua y sustento. En la época romana, la vida se organizaba en torno a los ríos, mientras que la Edad Media supone el inicio de la lucha del hombre contra el agua. Todas las formas acuáticas de Holanda están materializadas en Archeon, evidenciando el papel fundamental de este elemento para su vida y su historia.

Al igual que el agua, la función de la vegetación en el parque es la de

The landscape is defined down to the smallest detail.

The park emphasises the influence of water on the different lifestyles.

El paisaje se define en sus más mínimos detalles.

El parque incide en el tema de la influencia del agua sobre las distintas formas de vida.

servir de soporte a las distintas recreaciones: en la prehistoria, cerrada y sin cultivar; en la época romana, subordinada a la arquitectura; en la Edad Media, abierta y cultivada. Asimismo, se ha recurrido a la plantación de las especies más características de los Países Bajos, como el roble, el abedul, el pino y varios tipos de sauces. La pretensión de A.E. van Veen es que, con el paso del tiempo, la vegetación alcance un grado de madurez ecológica que, a su vez, contribuya a reforzar la verosimilitud de las distintas épocas recreadas.

Plan of the Archeon installations.   *Plano de las instalaciones de Archeon.*

The Oregon Coast Aquarium
Walker & Macy

Completion date: 1992 (1st phase)
Location: Yaquina Bay, Newport, Oregon, USA
Client/Promoter: Oregon Coast Aquarium
Collaborators: SRG Partnership (Architect), BIOS, Inc. (Exhibit Designer)

The growing isolation from nature that people have experienced, due to an incorrect understanding of progress, is beginning to make its dreadful consequences felt. Evolution appears to have become an irreversible race towards the destruction of human identity, and this has generated many proposals for salvation, most of which require more feeling for the surroundings and the development of collective ecological awareness.

This reflection lies at the basis of many landscape projects which, over the last few years have tried to awaken people's admiration and respect for nature, and the rediscovery of the origins and essence of human beings. This is one of the basic aims underlying most of Walker & Macy's works, an interdisciplinary company that for more than 18 years has been offering its services in different fields, such as planning, landscape architecture, civil engineering and urban design.

The application of high technology to their working methods (the company uses CAD systems), the prestige of its founders, collaborators and advisers, and its versatility are the keys to this American company's triumph. Founded in 1976 in Portland (Oregon), it has had a brilliant career, which explains why it now works for many public and private companies in America, as well as Canada, Australia and China. Many prizes show their prestige, including 16 awards from the Oregon

At the Oregon Coast Aquarium one can watch marine animals in spaces that faithfully reproduce their natural habitat.

En el Oregon Coast Aquarium pueden contemplarse algunos animales marítimos en espacios que reproducen fielmente su hábitat natural.

Chapter of the American Society of Landscape Architects over a period of twelve years, and two ASLA Presidential Awards (1990, 1992) and the National ASLA Merit Award in 1992.

Walker & Macy's philosophy can be seen in each of their designs, and especially in one of their best-known projects, the Oregon Coast Aquarium. This is located on a site formerly occupied by an obsolete sawmill, next to Yaquina Bay, in Newport, Oregon. It is an excellent reconstruction of a landscape, with an educational route that immerses the visitor in an idealised landscape, where nature and one of the four elements, water, show their beauty and extraordinary vigour.

The Oregon Coast Aquarium is intended to be the scene for this reconciliation between humanity and its identity, and also a context for exhibiting the state's native plants and animals, with the aim of educating the visitors in respect for, and the need to conserve, the environment and the living organisms that dwell there. Their variety is clearly visible from the moment the visitor starts along the paths that lead the visitor through idyllic landscapes with a succession of fresh-water streams and pools, estuaries, sandy and rocky coasts, and the open Pacific Ocean.

Given that the estuary of Yaquina Bay and a stabilised dune were the only pre-existing features, Walker & Macy could use the entire area and arrange it according to their plans. As well as considering that contact between the people and the environment should be as close as possible, they also based their work on the need to use the available space the best way possible. These objectives determined the planning of the available surface, leading to easy entrance to visitors' parking, and siting of building and exhibition galleries in prime locations. The main entrance to the building is 150 m from the parking area, and is distinguished from other accesses because it is surrounded by cylindrical concrete pylons, recalling the pylons supporting some of the area's oldest bridges.

One of the paths, leading from the parking area to the plaza in front of the main entrance, runs alongside a fresh-water stream, a preview of the theme park's content. Once inside the building, the visitors can look through the large glass windows at one of the most charismatic exhibits, the dune. This was designed to allow surface plantings of a wide range of local plants. This dune is also the main point of reference for the entire exhibition arranged around it.

The artificial stream surrounding the Oregon Coast Aquarium is also realistic in appearance. The ocean coast served as the model for the design of the rocky shores inhabited by animals that divide their time between the water and the land surface.

The possibility of contemplating these animals and plants in their habitat and walking through an idyllic landscape in direct contact with nature, all encourage people to visit the Oregon Coast Aquarium. Furthermore, the opportunity to observe the landscaping solutions designed by Walker & Macy (the strategic arrangement of the walkways, furnishings, bridges, plazas, walls, etc.) and to experience the paradox of an artificial nature justify a trip to Newport.

The aquarium's design strengthens the contact between people and the surroundings.

The route of the walkways through the Oregon Coast Aquarium rediscovers nature and its features.

The colours and textures of the construction materials used match the surrounding landscape.

The furnishings used in the aquarium show a subtle and interesting design.

The dune incorporates a wide range of native plants.

El diseño del acuario potencia el contacto del hombre con el entorno.

El recorrido de los senderos que surcan la superficie global del Oregon Coast Aquarium supone el redescubrimiento de la naturaleza y de sus elementos.

El cromatismo y la textura de los materiales de construcción empleados se adaptan perfectamente al paisaje circundante.

Un diseño sutil y sugerente caracteriza las imprescindibles piezas del mobiliario que incorpora el acuario.

La duna incorpora plantas que, a pesar de su diversidad, comparten su procedencia autóctona.

El progresivo distanciamiento que, en virtud de un mal entendido progreso, ha experimentado el hombre con respecto a la naturaleza empieza a dejar sentir sus nefastas consecuencias. El carácter irreversible de esta carrera hacia la destrucción de la identidad humana en que parece haberse convertido la evolución ha generado múltiples propuestas de salvación, la mayoría de las cuales pasa por una aproximación al entorno y por una conciencia ecológica colectiva.

Esta reflexión se halla en la génesis de múltiples proyectos paisajísticos que, en los últimos años, han intentado despertar en el hombre la admiración y el respeto hacia la naturaleza, el redescubrimiento de los orígenes y de la esencia del ser humano. Éste es uno de los objetivos fundamentales que subyace en la mayoría de los trabajos de Walker & Macy, una firma interdisciplinar que desde hace más de dieciocho años ofrece sus servicios en ámbitos diversos como el de la planificación, la arquitectura paisajística, la ingeniería civil o el diseño urbanístico.

La aplicación de la más avanzada tecnología en sus métodos de trabajo (la compañía dispone de servicios informáticos de autoCAD), el prestigio de sus fundadores, colaboradores y asesores y su versatilidad son las claves del triunfo de esta compañía arquitectónica estadounidense. Creada en 1976 en Portland (Oregón), ha dibujado una brillante trayectoria profesional, que explica que en la actualidad trabaje para numerosas empresas públicas y privadas de su propio país y de Canadá, Australia o China. Numerosos premios avalan su prestigio, entre los que destacan los dieciséis concedidos por el Oregon Chapter de la American Society of Landscape Architects en un período de doce años, los dos recibidos de la presidencia de dicha organización nacional (en 1990 y 1992 respectivamente) y el National ASLA Merit Award, de 1992.

La filosofía que el gabinete Walker & Macy vierte en cada una de sus actuaciones subyace también en uno de sus más célebres trabajos: el Oregon Coast Aquarium, situado en el terreno ocupado anteriormente por un aserradero ya obsoleto, junto a Yaquina Bay, en Newport, estado de Oregón. Puede definirse como una soberbia recreación de un paisaje, cuyo recorrido argumental sumerge a los visitantes en un entorno ideal, donde la naturaleza y uno de los cuatro elementos que la constituyen, el agua, ponen de manifiesto la plenitud de su belleza y su extraordinario vigor.

El Oregon Coast Aquarium está llamado a ser el escenario de ese imperioso encuentro del hombre con su identidad y, al mismo tiempo, un contexto donde exhibir las plantas y los animales autóctonos de ese estado norteamericano, con el objetivo de educar a los visitantes en el respeto y la necesidad de conservación del medio y de los seres vivos que lo pueblan. La heterogeneidad de éstos se evidencia desde el momento en que se inicia el recorrido de los senderos, que conducen al visitante a través de paisajes idílicos en los que se suceden los riachuelos y los estanques de agua dulce, los estuarios, la costa de arena y la de roca y, por último, el profundo y bravo Océano Pacífico.

Dado que el estuario de Yaquina Bay y una duna poco asentada eran las únicas formaciones preexistentes, la firma Walker & Macy pudo disponer de todo el espacio y organizarlo atendiendo a sus propósitos. Éstos, además de apuntar a que el contacto entre las personas y el entorno sea lo más estrecho posible, también se basan en la necesidad de optimizar al máximo el espacio con que cuentan. Estos objetivos

The building's large windows overlook the stabilised dune, a charismatic feature of the Oregon Coast Aquarium.

The low building makes it blend into its surroundings.

Desde los grandes ventanales del edificio puede contemplarse la poco asentada duna, elemento carismático del Oregon Coast Aquarium.

La moderada altura del edificio contribuye a su integración en el entorno.

determinan la planificación de la superficie disponible, por la que se facilita la entrada a los aparcamientos a los numerosos automóviles con los que los visitantes llegan al acuario y por la que el edificio y las galerías de exhibición se sitúan en primer término. La principal entrada al edificio se sitúa a unos 150 m de la zona de estacionamiento y se distingue de otros accesos por estar acotada por cilíndricos postes de hormigón, los cuales parecen evocar los sólidos pilares sobre los que se sustentan algunos de los puentes más antiguos de la zona.

Uno de los senderos que conduce desde el aparcamiento hasta la plaza que se extiende ante la entrada principal está bordeado por un arroyo de agua dulce, a modo de anticipo del contenido temático del parque. Una vez dentro del edificio, los visitantes pueden contemplar, a través de grandes ventanales, uno de los componentes más carismáticos de la exhibición, la duna, diseñada para posibilitar la plantación sobre su superficie de una gran variedad de especies vegetales de procedencia local. Esta duna, además, se convierte en punto de referencia de toda la exhibición, que parece articularse en torno a ella.

Una apariencia real define también a las corrientes o masas acuáticas que acota el Oregon Coast Aquarium y se prolonga a lo largo del litoral. Precisamente esta costa oceánica actúa como modelo para el diseño de las orillas rocosas en las que habitan animales que reparten su existencia entre el agua y la superficie terrestre.

La posibilidad de contemplar a los animales y a las plantas en su hábitat y de pasear por un paraje idílico en contacto directo con la naturaleza convidan a visitar el Oregon Coast Aquarium. Aún más: la ocasión de contemplar in situ las soluciones paisajísticas ideadas por Walker & Macy (la estratégica disposición de las vías de circulación peatonal, del mobiliario y de puentes, plazas, muros...) y de experimentar la paradoja de una naturaleza artificial ya justifica el viaje hasta Newport.

Master plan of the Oregon Coast Aquarium.

Plano general del Oregon Coast Aquarium.

MASTER PLAN
 OREGON COAST AQUARIUM

43

New Biblical Zoo of Jerusalem
Miller-Blum Environmental Planning

Completion date: 1993
Location: Manhat, Jerusalem (Israel)
Client/Promoter: The Tisch Family (via the Jerusalem Foundation) and
Jerusalem city council.
Collaboration: Leni Reviv (responsible architect)

It is well known that any attempt to analyse human creation from only one point of view is doomed to failure; people are extremely complex beings and, as such, the essence of their work can only be captured when examined from many points of view. This is especially true of the New Biblical Zoo of Jerusalem, a project by the firm of architects Miller-Blum. Characteristics of the Jewish descendants of Abraham are incorporated into this project, which seems to blend past and present with religious, historical and social factors and other different aspects.

The extraordinary importance of religion in the life of these Middle Eastern people explains the fact that the idea to build a biblical zoo in the Holy City was widely accepted in its day. This zoo, which conserved, cared for and bred only animal species appearing in the pages of the Old Testament, was established in 1939. As time passed, however, the zoo deteriorated until it was almost obsolete. Towards the end of the eighties, various organisations pooled their resources to create a substitute zoo for the benefit of Jerusalem and its numerous visitors.

Miller-Blum Environmental Planning Ltd, as noted above, were put in charge of this project. The choice of this group of landscape architects was based on their solid and prolific professional history, which was

Aerial view of Jerusalem's New Biblical Zoo, which occupies 30 ha of a canyon to the southwest of the city.

Vista aérea del New Biblical Zoo of Jerusalem, que ocupa 30 Ha de un cañón que se halla al suroeste de las afueras de la ciudad.

started in 1960 in the city of Haifa (Israel) by its two founders, Zvi Miller and Moshe Blum.

Their project for the New Biblical Zoo of Jerusalem had to overcome the restrictions presented by the chosen location in 30 ha of land in a canyon on the southwestern outskirts of the city. The site was arid with steep, rocky slopes, sparse vegetation and also contained archaeological excavations. Furthermore, the site was divided by high-voltage power lines. Far from dismaying the landscape architects, these problems of relief spurred them on, and the fact that they had to create a habitat for each of the zoo's species presented them with a real challenge.

They divided the work into phases, always placing quality before quantity, to create surroundings in total harmony with nature. Grass, trees and bushes were planted, and rocky cliffs constructed to reproduce natural habitats for the animals. Increasing the sense of contact with the surroundings, solid fences separating the animals from people were substituted by subtler barriers, such as moats and shatter-proof glass windows, enabling animals and people to be very close to each other. Another solution, proposed by the landscape architects to achieve the objective of reducing the idea of barriers, was the use of green belts to define the borders of the zoo. This is also used as a resource to create shade, which the canyon totally lacked. The landscape architects thus planted a considerable number of specimens of indigenous species (specifically, 600 olive trees and 600 box shrubs), some of which are already mature.

The pedestrian routes for visitors are another unique feature of Jerusalem's New Biblical Zoo. Some of these are simply paths where visitors may walk and observe the animals at their leisure. Others are raised walkways allowing thorough observation of the surroundings and inhabitants. Lastly, there are roads with a maximum slope of 9% which may also be used by vehicles.

Apart from the zoological exhibits, the park includes other attractions in its planted edges. These include administration offices and visitor facilities on the site's periphery, as well as the central space along the canyon's water-carved bed, designated for various water features including watercourses, waterfalls and pools inhabited by waterfowl.

All in all, the importance of the landscape design for this biblical zoo lies in the authors' skill at creating a microcosm in which, despite the variety, harmony reigns. It must also be pointed out that, by using the close link between animals and humans (as can be seen in the recurring presence of animals in folklore, symbols of national identity and the Bible), they have managed to maintain a balance between the past (the Old Testament and

Reproducing the habitats of the animals on display was one of the aims of Miller-Blum's landscape design.

The absence of shade in the canyon led to the plantation of numerous indigenous trees to establish a balance with the landscape.

The escarpment made it possible to reproduce without difficulty the habitat for the bears; like the other animals on display in the zoo, they are mentioned in the Old Testament.

There are many paths through the zoo, allowing visitors to see the animals, separated from them (if dangerous) by subtle barriers.

La reproducción de los hábitats de cada una de las especies animales que se exhiben se convierte en una de las pautas de la intervención paisajística de Miller-Blum.

La ausencia de sombras en la superficie del cañón determinó la plantación de numerosos árboles de procedencia autóctona, persiguiendo establecer un equilibrio con el paisaje.

La escarpadura del terreno permite reproducir sin dificultad el hábitat de los osos, presentes –como los demás animales que se exhiben en el zoo– en las páginas del Antiguo Testamento.

Numerosos senderos surcan la superficie del zoo, permitiendo que los visitantes contemplen a los animales, separados de ellos (en caso de peligrosidad) por sutiles barreras.

the archaeological excavations) and the present (the electricity lines), and between nature (the surroundings) and artificiality (the animals' enclosures).

Es bien sabido que el análisis de cualquier creación humana está abocado al fracaso si se realiza desde una única perspectiva: el hombre es un ser sumamente complejo y, como tal, sus obras destilan su verdadera esencia cuando se examinan desde múltiples puntos de vista. Este requisito se convierte en ineludible cuando lo que se pretende es comprender en toda su magnitud un trabajo como el llevado a cabo por la firma de arquitectos paisajistas Miller-Blum, el New Biblical Zoo of Jerusalem. La idiosincrasia de los descendientes del patriarca Abraham, el pueblo judío, se proyecta sobre dicho trabajo, en cuya génesis parecen fundirse pasado y presente y aunarse factores religiosos, históricos, sociales u otros de índole bien distinta.

En efecto, la extraordinaria vigencia de la religión en la vida de este pueblo del Próximo Oriente explica la gran aceptación que en su día contó la idea de constituir un parque zoológico en la Ciudad Santa en el que únicamente se conservaran, cuidaran y criaran especies animales de cuya existencia dieran testimonio las páginas del Antiguo Testamento. 1939 fue el año del establecimiento de ese peculiar zoo que, con el transcurso del tiempo, ha ido deteriorándose hasta resultar casi obsoleto. La necesidad de sustituirlo unió, a finales de los ochenta, las fuerzas de diversos organismos que lograron que el deseo se transformara en realidad, para beneficio de Jerusalén y de sus numerosísimos visitantes.

El gabinete de Miller-Blum Environmental Planning, como se ha apuntado más arriba, tomó las riendas del proyecto. La elección de este grupo de paisajistas se basó en la sólida y prolífica trayectoria profesional iniciada en el año 1960 en la ciudad de Haifa (Israel), punto de encuentro de sus dos fundadores, Zvi Miller y Moshe Blum.

Su actuación en el New Biblical Zoo of Jerusalem se inicia sorteando las restricciones que conlleva la ubicación de sus instalaciones en 30 Ha de un cañón que se halla al suroeste de las afueras de la ciudad. En efecto, debieron enfrentarse a un terreno abrupto, árido, con declives rocosos, en el que no abundaba la vegetación y en el que se practicaban excavaciones arqueológicas. Además, las líneas de cables de alta tensión lo dividían en diferentes secciones. Estos problemas topográficos, lejos de desanimar a los paisajistas, los espolearon e hicieron que crear el hábitat de cada una de las especies del zoo se convirtiera para ellos en un reto.

Anteponiendo siempre la calidad a la cantidad y siguiendo un proceso seccionado en fases, confeccionaron un entorno en total armonía

Maintaining a balance with the steep surroundings dictated design and choice of building materials in this biblical zoo.

A raised walkway with observation points provides a better overall view of the park.

Originality of form is not incompatible with functionality, as can be seen in this picture.

Mantener el equilibrio con el abrupto entorno dicta las pautas seguidas en el diseño y la elección de los materiales de las edificaciones de este zoológico bíblico.

Una pasarela elevada con puntos de observación hace posible la contemplación del parque desde una perspectiva más global.

La originalidad formal no se halla reñida con la funcionalidad, como pone de manifiesto esta imagen.

רושלים ע"ש משפחת טיש
THE TISCH FAMILY ZOOLOGICAL GARDEN.

MILLER-BLUM ENVIRONMENTAL PLANNING סביבתי בע"מ

General plan of the New Biblical Zoo of Jerusalem.

Some precincts receive direct sunshine, essential for plant and animal development.

Plano general del New Biblical Zoo of Jerusalem.

La transparencia de algunos recintos permite la penetración de la luz solar, fundamental para el desarrollo de la vida vegetal y animal.

con la naturaleza, en el que los animales se hallaran en contacto con su medio, reproducido con exactitud recurriendo a la plantación de hierba, árboles y arbustos o a la construcción de rocosos precipicios, por ejemplo. A dicho contacto contribuyó, además, la sustitución de las sólidas barreras que separaban a los animales de las personas por otras más sutiles, como puede ser un canal de agua o cristales irrompibles que posibilitan un acercamiento máximo entre unos y otros. El propósito de difuminar fronteras que se desprende de algunas de las soluciones propuestas por los paisajistas determina, asimismo, la señalización de los límites del zoológico mediante cinturones de vegetación. La vegetación, por otra parte, también es utilizada por los paisajistas como recurso para la creación de sombras, totalmente ausentes en el cañón; así, éstos dispusieron la plantación de un número considerable de ejemplares de especies autóctonas (en concreto, 600 olivos y 600 bojs), algunos de ellos ya plenamente desarrollados.

Otra de las singularidades del New Biblical Zoo of Jerusalem radica en el tratamiento que reciben las vías por las que circulan los visitantes. Algunas de ellas simplemente son senderos para caminar y observar reposadamente; otras se convierten en pasarelas elevadas que permiten una exhaustiva contemplación del entorno y sus habitantes y otras, por último, son auténticas pistas con una pendiente máxima del 9% y con suficiente longitud y anchura como para que puedan ser transitadas por los automóviles.

Los verdes límites del zoológico, además de la zona de exhibición de animales, acogen una serie de atracciones adicionales. Entre ellas destacan las áreas periféricas en las que se localizan los servicios administrativos y de atención al visitante y, sobre todo, el espacio central del lecho del cañón, configurado por el agua que lo surca en forma de corriente, por canales, cascadas y charcas en las que se refugian las aves acuáticas.

La trascendencia del diseño paisajístico de este zoológico *bíblico* radica, en suma, en la habilidad de los autores para crear un microcosmos en el que, a pesar de su variedad, reine la armonía. Asimismo, cabe señalar cómo, sirviéndose del estrecho vínculo que une a los hombres con los animales (patente en la recurrente presencia de éstos en el folclore, en los símbolos de identidad nacional, en la Biblia...) han logrado mantener el equilibrio entre pasado (el Antiguo Testamento y las excavaciones arqueológicas) y presente (el tendido eléctrico), entre naturaleza (el entorno) y artificialidad (la reclusión de los animales).

Euro Disney Magic Kingdom
Derek Lovejoy Partnership

Completion date: 1990
Location: Marne-La-Vallée (France)
Client/Promoter: Disney Corporation
Collaborators: Imagineering

One of the characteristics that defines a creative act as art is that it should blur the frontiers between the material and the immaterial, imitation and invention, reality and fantasy. This blurring gives art its gift of ubiquity, its capacity to express all human feelings and the diversity that is the basis of its undeniable richness.

Landscaping is one of the sectors of human creativity that most clearly shows the potentiality of art. Its broad field of action and democratic aspirations mean it has far-reaching social consequences. This social repercussion may be increased by the nature of the project, as shown by Derek Lovejoy Partnership's landscape design for the Euro Disney Magic Kingdom.

The vast knowledge and experience of this British landscaping and planning firm explains why it continues to satisfy its ever larger base of clients. Much of its success is based on the application of quality management systems, the introduction of total quality assurance procedures and the constant interest shown in providing coordinated overall design services (architecture, transport, landscape and environmental planning) and landscape ecology. A joint initiative by the Derek Lovejoy Partnership and Loughborough University has led to the creation of the ICOLE (International Centre of Landscape Ecology), where scientists give advice on environmental matters.

The professional career of this British company has included many prizes and awards, including those received for the Nanatsudo Park

General landscape plan of the Euro Disney Magic Kingdom, drawn up using CAD.

Plan paisajístico general del Euro Disney Magic Kingdom, para cuya realización se utilizaron los equipos de CAD de la firma.

(Mito, Japan), Salburua Park (Vitoria-Gasteiz, Spain), and the landscaping of the RMC headquarters (Surrey, Great Britain) and the Euro Disney Magic Kingdom.

Located in Marne-La-Vallée, 32 km east of Paris, this park marked the introduction into Europe of the theme park and resort complex developed by the Walt Disney Company over the last 40 years in the United States and Japan. The Derek Lovejoy Partnership was responsible for designing the soft landscape and gardening details of the five "lands" and the service areas.

The large development housing the Magic Kingdom (1943 ha) is separated from the flat surface of this French plain by a 20-metre earth berm that makes the park into a landmark. The site is subdivided into five main "lands", or attractions, by the use of secondary berms with trees and shrubs strategically arranged to form the backdrop for each area.

Although the park's large size favours the use of a large number of different effects, this did not prevent the British company's commission from being very specific within the overall coordinated scheme.

A major point of the commission was that the Derek Lovejoy Partnership's role in designing and planning the Euro Disney Magic Kingdom was responsibility for the soft landscaping aspects, such as specific soil treatments, plantings and mulching. These options are very different from the construction of retaining walls, footpaths and fake rockwork, for example, and are characterised by their power of suggestion and the way they can fire the imagination of the visitors to this entertainment landscape.

Another factor was the designers and promoters requirement that the landscape of each sector corresponded to its specific theme, such as the tropical jungle, the North African desert, the future world imagined by Jules Verne, etc. This led to a diversity that is harmonious, not chaotic, thanks to the work of this British landscape studio.

The maintenance of this balance in diversity, requiring acclimatising plants to the harsh climate of northern France and the coordination of the planted areas with paths or other services and effects, is achieved by subtle but effective techniques, such as slight variations in soil composition, the use of coloured sand, etc.

In addition to these factors and conditions, one of the requirements included by the park's promoters in the commission was that many plants should be native to Europe. This was intended to ensure their survival and to provide for the European park a specific identity, distinguishing it from the ones in America and Japan.

The use of CAD in the design of the final plans also helped to achieve the initial aims and they show that landscaping, like art, is a magnificent blend of reality and fantasy.

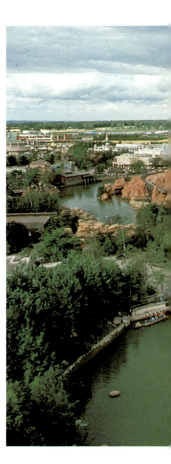

The trees help to separate the different theme areas.

Water is a recurrent feature in the park.

The plants used are all European.

Water, plants and different soil treatments indicate the different theme areas.

Euro Disney Magic Kingdom is a landmark visible from different areas of the plain.

Los árboles actúan como elementos de acotación de las distintas áreas temáticas.

El agua constituye uno de los elementos recurrentes del parque.

Las especies vegetales proceden del continente europeo.

El agua, la vegetación y los diferentes tratamientos a los que se somete el suelo señalan las distintas áreas temáticas.

El Euro Disney Magic Kingdom se convierte en un hito visible desde diferentes puntos de la planicie.

Una de las características que confiere a cualquier manifestación creativa del hombre la categoría de artística hace referencia a la difuminación que experimentan las fronteras que se establecen entre lo material y lo inmaterial, entre imitación e invención, entre realidad y fantasía... Ese desdibujamiento otorga al arte el don de la ubicuidad, la capacidad de ser vehículo de expresión de cualquier sentimiento humano y, asimismo, la heterogeneidad sobre la que se asienta su innegable riqueza.

Uno de los sectores de la creación humana en el que más claramente se manifiesta la potencialidad del arte es el paisajismo. Los dilatados límites de su campo de acción y su voluntad democrática, entre otros aspectos, determinan su amplia repercusión social. Dicha repercusión se amplifica dependiendo de la naturaleza del proyecto, como demuestra la actuación de Derek Lovejoy Partnership para el diseño paisajístico de Euro Disney Magic Kingdom.

Los vastos conocimientos y la experiencia de esta firma británica, dedicada al paisajismo y la planificación, explican que siga satisfaciendo las exigencias de una base de clientes cada día más amplia. Buena parte de su éxito se fundamenta, además, en la aplicación de sistemas de gestión de calidad, en la introducción de procedimientos de seguro de calidad total y en el interés constante que evidencia por prestar servicios de diseño globales y coordinados (arquitectura, transportes, paisaje y planificación medioambiental) y por la ecología paisajística. En este sentido, cabe señalar que la iniciativa conjunta de Derek Lovejoy Partnership y la Universidad de Loughborough ha dado como resultado la creación del ICOLE (Centro Internacional para la Ecología Paisajística), en el que expertos científicos proporcionan asesoramiento sobre temas medioambientales.

La trayectoria profesional de esta próspera compañía inglesa se halla jalonada con numerosos reconocimientos y premios, entre los que destacan los recibidos por el parque Nanatsudo (Mito, Japón), por el de Salburua (Vitoria-Gasteiz, España), por el diseño paisajístico de las oficinas centrales de RMC (Surrey, Gran Bretaña) o del Euro Disney Magic Kingdom.

Este parque, situado en Marne-La-Vallée, a 32 km al este de París, significa la introducción en Europa del concepto de parque temático y centro recreativo creado por la Walt Disney Company y ya desarrollado con éxito en Estados Unidos y Japón desde hace 40 años. En él, la Derek Lovejoy Partnership se ha encargado de la finalización del plan paisajístico general y del diseño de los detalles de jardinería de los cinco países y zonas de servicios.

Las generosas dimensiones del solar donde se asienta este reino de la magia (1.943 Ha) se hallan acotadas por un arcén que alcanza los 20 m de altura y transforma el parque en hito que destaca en la planicie de esta meseta francesa. Dichas hectáreas, a su vez, se subdividen para definir las cinco principales atracciones o países; los agentes de dicha subdivisión son arcenes secundarios plantados con vegetales: árboles y arbustos que, dispuestos estratégicamente, constituyen un singular telón de fondo para cada una de las zonas.

La considerable extensión del parque, por otra parte, favorece el despliegue de un sinfín de recursos de índole diversa, lo cual no es óbice para que la actuación de este gabinete británico se articule en torno a unas coordenadas muy concretas.

Una de ellas establece que la firma Derek Lovejoy Partnership opta para el diseño y planificación de Euro Disney Magic Kingdom por solu-

ciones suaves, como determinados tratamientos de la tierra, el recubrimiento de mantillo o las plantaciones. Estas opciones –muy diferentes a la construcción de muros de contención, de senderos o de falsas rocas, por ejemplo– se caracterizan por su poder de sugestión y su capacidad para espolear la imaginación de todos los que acceden al lúdico escenario.

Otra de las coordenadas se relaciona con el deseo de diseñadores y promotores de amoldar el paisaje de los distintos sectores al tema concreto sobre el que versa cada uno de ellos: la jungla tropical, el desierto norteafricano, el mundo del futuro ideado por Julio Verne... De ello se deduce una heterogeneidad que, en virtud de la labor de los paisajistas ingleses, resulta armoniosa, no caótica.

El mantenimiento del equilibrio en la diversidad –que conlleva, entre otras cosas, la acomodación de las diferentes plantas al severo clima del norte de Francia o la yuxtaposición de zonas cubiertas de vegetación con recorridos u otros servicios y efectos del parque– se consigue mediante el recurso a procedimientos sutiles pero efectivos, como leves variaciones de la composición química del suelo, coloración de arena, etc.

Coordenadas y dificultades se conjugan con uno de los requisitos impuestos por los promotores del parque a la compañía británica: debían de prevalecer las especies vegetales del continente europeo. Con ello se pretendía afianzar la supervivencia de las plantas y, asimismo, crear un signo de identificación del parque europeo frente a otros de similares características de América del Norte o Japón.

La utilización para el diseño de los planos finales de los equipos CAD de la firma, por último, contribuyó también a alcanzar los objetivos planteados a priori y a poner de manifiesto que el paisajismo, como arte, funde magistralmente realidad y fantasía.

The routes of the many paths allow the visitor to contemplate the details of the gardening.

Variety is one of the distinguishing features of the park's landscape design.

The coexistence of plants with different characteristics in the same area required extensive acclimatization based on soil treatment.

El recorrido de los múltiples senderos permite contemplar los detalles de jardinería.

La variedad deviene uno de los rasgos identificativos del diseño paisajístico del parque.

La coexistencia de plantas de características diametralmente opuestas en una misma área supuso una ingente labor de aclimatación basada, en el tratamiento del suelo.

Taman Indah

Gerard Schroeder

Completion date: 1994
Location: Rotterdam (Holland)
Client/Promoter: Blijdorp Zoo
Collaborators: Bob Kniese (project management); Jantijn van den Heuvel (graphics); Gerard Visser (design coordinator); Jacques Radder and Hans Post (design); A. Poel, environment and construction physics director at Damen Consultants Rotterdam; Arnhem and J.T.H. Straatman de WDC-Consulting, Rotterdam (energy systems)

Taman Indah means "wonderful natural park" in Malay and is the triumphant first step in an ambitious project to renovate and extend Blijdorp Zoo, one of the Dutch city of Rotterdam's most famous symbols and designated a municipal monument in 1991. The complexity of this major operation is not only due to the park's size, but also due to its very deep conceptual roots, based on ecological concerns. These were a) respect for nature, animals and plants, b) the creation of artificial environments to reflect natural ecosystems as faithfully as possible, and c) a new attitude to the animals, not merely learning about their way of life, habits and behaviour, but assuming a commitment to nature.

The person responsible for this remarkable project, still in its initial phase, is Gerard Schroeder, an unusual architect who founded his own studio in 1975 after a career in building houses. His restless, adventurous spirit struck the right note with his proposal for Blijdorp Zoo, on which he is now working full time.

In response to this challenge, Schroeder has developed his most remarkable side, the search for innovative experimental ways of reducing energy consumption. This ecological approach is present throughout his project for the Rotterdam Zoo, which is based on a single underly-

View of the elephants' area.

Vista de la zona de los elefantes.

ing idea; his aim was not to construct mere buildings or houses for animals, but to create artificial environments where the visitor can walk around and observe the animals in a faithful recreation of their original environment. He has travelled widely to acquire more objective information about natural conditions in each continent.

The history of the zoo goes back to shortly before the Second World War. At the time, the most original feature of the design was that it was the work of just one person, the architect and engineer Siebold van Ravesteyn. It was famous for two things, the beauty of its buildings and the balanced landscaping treatment of the outside installations.

However, during the last decade it became necessary to consider changing the zoo's philosophy, opting for an ecological design, more in keeping with modern attitudes and the ever-growing awareness of nature. In 1988 the managers of the Blijdorp decided to undertake a major restructuring project based on the concept of specific environments. Their basic aim was to show the beauty and vulnerability of animal communities, rejecting the stereotypes that made animals into mere attractions. The intention was that the animals should be the beneficiaries of the operation, and this would also improve the facilities for the increasing number of visitors.

After obtaining permission from the municipal authorities, the extension foresees the creation of six different environments corresponding to six continents, Asia, Africa, Australia, North America, South America and Europe, as well as Oceania. Each one seeks to combine living communities and includes a variety of cultural artefacts. This approach seeks to create a major international zoo with a clear and comprehensible ecological message.

Between 1990 and 1994 the first phases of the project, both dealing with Asia, were completed, at a cost of about 22.5 million florins. The first phase was the creation of a marsh area, a cave for the bats and a Mongolian steppe, while the second was the subject of this article, the Taman Indah.

From the point of view of distribution, it was considered necessary to maintain some of the most typical buildings of van Ravesteyn's design, integrating them into the new design. These were the facade of the main pavilion, called the Rivièrahal, the giraffe house, and the terraced lion house. The overall plan also considers the basic layout of the communication routes, distributed into primary and secondary paths, and pays special attention to the needs of children and the handicapped.

Taman Indah, the first phase responding to the premises of the new plan, houses different plant and animal communities from Asia. The main animals in this area are the Indian elephants, Indian rhinoceroses and Malaysian tapirs, but an important role is also played by tortoises, pythons, giant squirrels, toucans, climbing monkeys and fish, as well as plantings of orchids and carnivorous species.

One of the basic aims of the project is that the visitor should not only observe the environment, but should feel part of it and accept it, feeling all the sensations that form this environment, not just the visual ones. This is achieved by the layout of the paths, and also by creating specific microclimates by the use of very innovative techniques. The necessary separation of climates is especially important in the elephant area, where insulating the transparent cover and the air flow separating

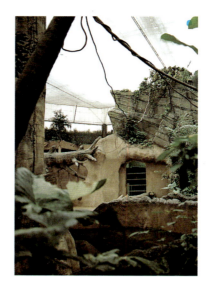
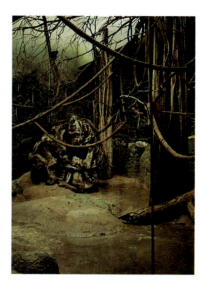
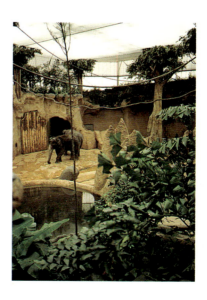

them from the public allows energy use, in the form of natural gas, to be reduced by 63%. This is a good example of the new zoo's ecological commitment, both in terms of the animals' welfare and the sensory and educational quality of its installations.

The transparent roof can be seen at the top.	*En la parte superior, la cubierta transparente.*
The plantings faithfully recreate different environments.	*La vegetación recrea de forma fidedigna los distintos biotopos.*
The plants grow on the trunks, not in the ground.	*Las plantas crecen sobre troncos, no sobre el suelo.*
Cultural signs of identity are dotted along the path.	*Signos de identidad cultural jalonan los distintos espacios.*
Indian elephants are one of the most representative species in the Taman Indah.	*Los elefantes asiáticos son una de las especies más representativas del Taman Indah.*

Taman Indah, voz malasia que significa «maravilloso parque natural», es el primer triunfo de un ambicioso proyecto que supone la renovación y ampliación del zoológico Blijdorp, uno de los emblemas de la ciudad holandesa de Rotterdam que lo incorporó, en 1991, a su lista de monumentos municipales. La complejidad de esta magna intervención no está fundamentada únicamente en las dimensiones del parque, sino que presenta unas raíces conceptuales mucho más profundas, basadas en temas ecológicos como: en primer lugar, el respeto por la naturaleza y las especies animales y vegetales; en segunda instancia, la creación de biotopos que reflejen una vida natural lo más fiel posible a su ecosistema; y, por último, una nueva forma de abordar la relación con los animales, no sólo como aprendizaje de su sistema de vida, hábitos y costumbres, sino también como compromiso frente a la naturaleza.

El encargado de llevar a buen puerto este singular proyecto, todavía en su fase inicial, es Gerard Schroeder, arquitecto atípico que, en 1975, fundó su propio estudio tras haber forjado su trayectoria en la construcción de viviendas. Sin embargo, su talante inquieto y aventurero encontró un auténtico filón en la propuesta del zoológico Blijdorp, al que, en la actualidad, dedica todo su empeño.

Ante este nuevo desafío, Schroeder ha podido desarrollar su faceta más destacada: el gusto por los métodos experimentales e innovadores que persiguen, ante todo, la disminución en el consumo energético. Esta vertiente ecológica está muy presente en el proyecto del zoológico de Rotterdam, para el que se ha basado en una premisa fundamental: su objetivo no es construir edificios o residencias para animales, sino crear espacios-biotopos que inviten al visitante a pasear y relacionarse con las especies en un medio original y fidedigno. Para documentarse, ha realizado numerosos viajes que tenían como fin un acercamiento más objetivo a la realidad natural de cada continente.

La historia del zoo se remonta a poco antes de la Segunda Guerra Mundial. En su momento, la originalidad del proyecto estribaba en el hecho de haber sido concebido por una única persona, el arquitecto e ingeniero Siebold van Ravesteyn. Su prestigio estaba basado en dos factores: la belleza de sus edificios y el equilibrado tratamiento paisajístico de sus instalaciones exteriores.

No obstante, durante la última década se contempló la necesidad de transformar la filosofía del zoológico, apostando por un diseño de tintes ecológicos más acorde con la mentalidad contemporánea y con la concienciación que acompaña a los temas relacionados con la naturaleza. En 1988, los directivos del Blijdorp decidieron afrontar un magno proyecto de reestructuración basado en el concepto de biotopo. Su objetivo esencial era el de mostrar la belleza y la vulnerabilidad de las

The visual perspectives are framed by nature.

Las perspectivas visuales están enmarcadas por la misma naturaleza.

The recreation of climate and environment is fundamental.

La recreación ambiental y climática es fundamental.

Plan of the interior installations of the Taman Indah.

Plano de las instalaciones interiores del Taman Indah.

comunidades de vida animal, huyendo del sistema estereotipado que concedía a las especies la categoría peyorativa de atracción. La intención era que los animales fuesen los auténticos beneficiarios de la intervención, con lo que, al mismo tiempo, mejoraría el nivel cualitativo de la oferta para los cada vez más numerosos visitantes.

El proceso de ampliación, una vez obtenido el consentimiento de las autoridades municipales, prevé la creación de seis biotopos distintivos que corresponden a otras tantas entidades continentales: Asia, África, Australia, América del Norte, América del Sur y Europa, a las que también se suma Oceanía. En cada uno de ellos, se pretende conjugar distintas comunidades de vida, a las que se asocian diversos signos de identidad cultural. Con este tratamiento se persigue crear un zoológico de interés internacional, dotado de un mensaje ecológico claro y comprensible.

Entre 1990 y 1994, se han llevado a cabo las dos primeras fases del macroproyecto, valoradas en una cantidad de 22,5 millones de florines. Ambas etapas están centradas en el continente asiático: en la primera se crearon la zona de pantanos, la cueva de los murciélagos y la estepa mongólica; la segunda está referida al espacio que se analiza en profundidad en este artículo, el Taman Indah.

Desde el punto de vista de la distribución, se planteó la necesidad de conservar algunos de los edificios más representativos de la propuesta de Van Ravesteyn, integrándolos en el nuevo planteamiento: la fachada del pabellón central, el Rivièrahal; la residencia de las jirafas; y los espacios aterrazados de los leones. El plan general también contempla las directrices básicas de los trazados comunicativos, con una distribución que incluye rutas principales y secundarias, y presta especial atención a niños y minusválidos.

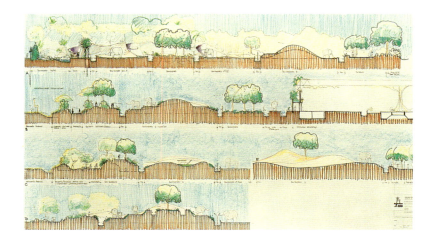

En Taman Indah, el proyecto inicial que responde a las premisas del nuevo plan, se aglutinan las diversas comunidades animales y vegetales del continente asiático. Los principales moradores de este espacio son los elefantes asiáticos, rinocerontes indios y tapires malasios, pero también cobra gran importancia la presencia de tortugas, pitones, ardillas gigantes, tucanes, monos trepadores y peces, así como plantaciones de orquídeas y especies carnívoras.

Uno de los objetivos básicos de la intervención consiste en que el visitante no sólo pueda observar el medio, sino que se compenetre y comprometa con él. Percibir todas las sensaciones del entorno, no sólo las visuales, es algo fundamental. Esto se consigue gracias al trazado viario, pero también a la creación de microclimas específicos que se han materializado por medio de técnicas muy innovadoras. La necesaria separación entre climas tiene especial incidencia en la zona de los elefantes, donde el aislamiento de la cubierta transparente y las corrientes de aire que los separan del público permiten reducir el gasto energético de gas natural en un 63%. Éste es un ejemplo revelador de la voluntad ecológica de este renovado zoo, tanto en lo referido al bienestar de las especies animales como a la calidad didáctica y sensorial de sus instalaciones.

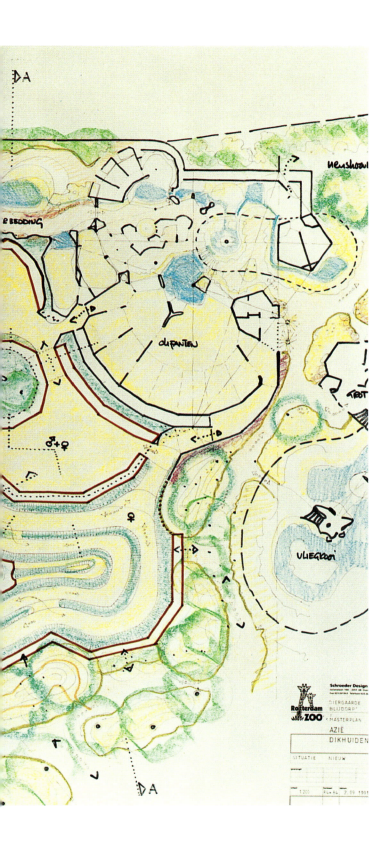

Different longitudinal sections.

Ground plan of the area dedicated to the Asian continent.

Distintas secciones longitudinales.

Planta de la zona dedicada al continente asiático.

Marineland
Global International

Completion date: 1988
Location: Finca Can Homs, Palafolls (Barcelona)
Client/promoter: Marineland S.A.
Collaborators: Juli Clopés (technical architect)

Social habits are continuously changing, and the trend seems to be leading people back to nature, the source of life and the origin of our existence. The desire to be more natural is the basis for many projects, and this ambitious aspiration means that landscape design is highly valued, putting it on a par with other aspects of architecture.

As a consequence, trends in landscape design in the late XXth century are pointing to a clear common objective: getting closer to our natural surroundings as a way of strengthening our human spirit. This can be achieved in many ways, however, making this discipline a rich symbiosis of art and technology, creation and maintenance.

The Barcelona-based collective, Global International, founded in 1977 by the architect Emilio Tramullas Juan, is an interesting company in the panorama of contemporary design. They provide a wide range of services covering all project areas (studies, preliminary reports, feasibility studies, market research, product conception, selection of facilities and services, selection of suppliers and of components, works supervision, etc.). This wide range of services explains their extensive work history, mainly in facilities for public use. Their most important projects include the renovation and extension of Barcelona's Parc del Tibidabo, the Science City in Las Rozas, the remodelling of the Casa de Campo amusement park in Madrid and the theming of an amusement park in Yang-San, Korea.

One of their most ambitious projects, the Marineland Water Park, is also a public attraction. Built next to a safari park and dolphinarium

The hill houses the various water slides which are the park's main attraction.

La zona de la colina alberga los diversos toboganes que constituyen la principal atracción del parque.

on the outskirts of Palafolls, this project is based on two different but complementary aims: firstly, to make water the central element of the complex, emphasising its recreational component; secondly, to adapt the park's buildings and facilities to the site and the area's existing features.

The first objective is clear from the moment the visitor enters the large precinct. Water attractions alternate with pedestrian routes, which are subordinated to them; for this reason the different routes leading to the attractions have anti-slip surfaces. The important role of water explains the existence and distribution of extensive areas for sun-bathing, all turfed. This greenery creates an aesthetically pleasing contrast with the blue water and the earth-coloured paths. This combination of colours helps to make this recreational and cultural complex fit into the Mediterranean landscape.

One of Marineland's major water attractions is the split-level lake: the upper level, into which the foam slides run, and the lower level, used as a multipurpose swimming pool. Cork floats divide it into different sections: a zone of reception for the chutes and spirals, etc.; a sector for children's games and a bathing area, including a beach complete with sand, evoking the nearby seaside environment.

The second objective is mainly achieved by the design and layout of the buildings on the edges of the park. These ran the risk of not fitting into a context dominated by natural elements (the surrounding water, land and air). To avoid this, Global International based their design on low structures, a modular layout, strategic location and using materials that are both functional and match the landscape.

The scheme's adaptation to the site and its preexisting features is clearly visible in different areas such as the entrance, the terrace and the hill. The entrance is a one-storey construction consisting of three buildings forming a right angle. The central building houses the reception, entrance control and cloakroom; the side buildings house the male and female changing rooms, showers and toilet.

The terrace area includes a restaurant, toilets and first-aid services. Both are located within a single-storey structure divided into sectors with different functions, and built with local construction materials, helping to blend the buildings in with their surroundings.

There is a hill for the various water slides (straight, and lines, winding...) which are, without doubt, one of Marineland's main attractions. Gardens cover the areas not occupied by these artificial slides (with routes following the site's relief), and use plantings of local species, like those lining the pedestrian circuits. This guarantees their survival and identifies them with this region's characteristic landscape.

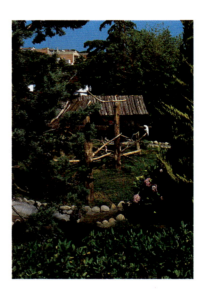

Vegetation accompanies the activities in Marineland's open-air facilities.

Although the plants in the park are varied, they are mostly native species.

Some unique specimens heighten the sense of contact with nature.

The coloured paving matches the paving in other outdoor areas.

A railway line runs around the perimeter of the lake, one of the park's main water attractions.

La vegetación escolta las actividades que se realizan en las instalaciones al aire libre de Marineland.

A pesar de su diversidad, las especies vegetales del parque comparten, por lo común, su condición autóctona.

El contacto con la naturaleza pasa por la contemplación de algunos de sus más singulares ejemplares.

El pavimento coloreado en masa coincide con el de otras zonas exteriores.

Las vías de un ferrocarril dibujan el perímetro de una de las masas de agua más características del parque, el estanque.

La incesante evolución de los hábitos sociales parece estar encaminada al reencuentro del hombre consigo mismo a través del acercamiento a la naturaleza, fuente de vida y origen de su existencia. La voluntad de aproximarse, en la medida de lo posible, al hombre natural se halla en la base de numerosos proyectos que, en virtud de ese ambicioso anhelo, otorgan a la labor paisajística un valor supremo, totalmente equiparable al concedido a otros componentes de la disciplina arquitectónica.

Las tendencias del paisajismo de finales del siglo XX, en consecuencia, apuntan a un claro objetivo común: la aproximación al entorno natural como medio de recuperar o potenciar la esencia humana. Las maneras de alcanzarlo, no obstante, son bien distintas y en ellas se fundamenta la riqueza de dicha disciplina, simbiosis de arte y técnica, de creación y mantenimiento.

El colectivo barcelonés Global International, fundado en el año 1977 por el arquitecto Emilio Tramullas Juan, representa una interesante opción en el panorama del diseño contemporáneo, puesto que su actividad comprende todos los ámbitos de la proyección (estudios e informes preliminares, estudios de viabilidad, dirección de estudios de mercado, definición conceptual de los productos, selección de instalaciones y servicios, selección y suministro de proveedores y componentes, asistencia en la dirección de la obra, etc). Esta amplia cobertura de servicios explica una trayectoria prolífica, especializada preferentemente en instalaciones públicas. En este sentido, destacan sus proyectos para la reforma y ampliación del Parc del Tibidabo, en Barcelona; la Ciudad de las Ciencias de Las Rozas y la remodelación del parque de atracciones Casa de Campo, en Madrid y, asimismo, la tematización de otro parque de atracciones en Yang-San, Corea.

El carácter público de sus obras más sobresalientes es también compartido por una de sus más ambiciosas actuaciones, el parque acuático de Marineland —anexo a un safaripark y a un delfinario—, situado en las inmediaciones de la población de Palafolls. Esta intervención se articula, fundamentalmente, en torno a dos objetivos distintos pero complementarios: en primer lugar, conseguir que el agua se convierta en el elemento vertebrador de todo el conjunto arquitectónico potenciando su componente lúdico; en segundo lugar, adaptar las edificaciones e instalaciones del parque al terreno y a las preexistencias de la zona.

La consecución del primer propósito es evidente desde el mismo momento en que se penetra en el vasto recinto. Así, en la alternancia que mantienen las calles peatonales con las zonas de atracciones se observa la hegemonía de las diversiones acuáticas y el modo cómo los circuitos de los viandantes se supeditan a ellas: son el destino de los diferentes recorridos, cuyo pavimento presenta, por la mencionada supeditación, unos acabados superficiales de naturaleza antideslizante. La supremacía del agua explica, además, la existencia y distribución de extensos soláriums cubiertos de césped, cuyo color verde contrasta estéticamente con la tonalidad azulada de las masas de agua y con la terrosa de los caminos peatonales. Esta combinación cromática, por otra parte, contribuye a la integración de las instalaciones de este complejo recreativo y cultural con el paisaje mediterráneo.

Entre los espacios acuáticos de Marineland destaca el lago, que se desarrolla en dos niveles diferenciados: el superior, utilizado como piscina de recepción de los toboganes de Foam, y el inferior, usado como

Large windows provide contact between the interior of the buildings and the exterior.

Grandes ventanales hacen posible el contacto del interior de las edificaciones con el sugerente exterior.

piscina polivalente. Unas corcheras dividen su vaso en diferentes secciones: una zona de recepción para los toboganes de colina, para los espirales, etc.; un sector de juegos infantiles y, asimismo, un área para el baño, en la que se incluye una playa, cuya arena evoca, a su vez, el cercano entorno marítimo.

La obtención del segundo objetivo, por otro lado, pasa sobre todo por el diseño y la disposición de las edificaciones que albergan los límites del parque. Éstos parecen estar llamados a ser agentes distorsionadores en un contexto en el que predominan los elementos de la naturaleza (el agua, la tierra y el aire envolviéndolas). Para evitarlo, la firma Global International basa su proyección en una altura moderada, una distribución modular, en una ubicación estratégica y en la elección de unos materiales que, además de ser funcionales, se integren en el paisaje.

La adaptación de las obras al terreno y a las preexistencias es observable en áreas tan diferenciadas como la de acceso, la de la terraza o la de la colina. La primera incorpora una construcción de una única planta con tres edificaciones que conforman un ángulo recto. En la central se localizan la recepción, el control de acceso y el guardarropía; las laterales acogen los vestuarios masculinos y femeninos, los aseos y las duchas.

La zona de la terraza, por otra parte, engloba un restaurante y un módulo de aseos y enfermería. Tanto uno como otro se desarrollan en una única planta que se divide en sectores de diferente funcionalidad y comparten materiales constructivos que se definen por su procedencia autóctona y, en consecuencia, por su capacidad para estrechar la ligazón entre edificaciones y contexto.

Sobre el área de la colina, por último, se desarrollan los recorridos de los diversos toboganes (rectilíneos, sinuosos...) que constituyen, sin duda, una de las principales atracciones de Marineland. Las zonas no ocupadas por estos deslizaderos artificiales (cuyo trazado procura adaptarse a la topografía del terreno) se destinan a jardín. En él se plantarán especies vegetales que, al igual que las que acotan los circuitos peatonales, son de origen local. Ello garantiza su supervivencia y las convierte en signos de identidad del singular paisaje de esta región.

Sailing is also possible on the large areas of water.

Las generosas dimensiones de las masas de agua permiten, incluso, la navegación sobre sus superficies.

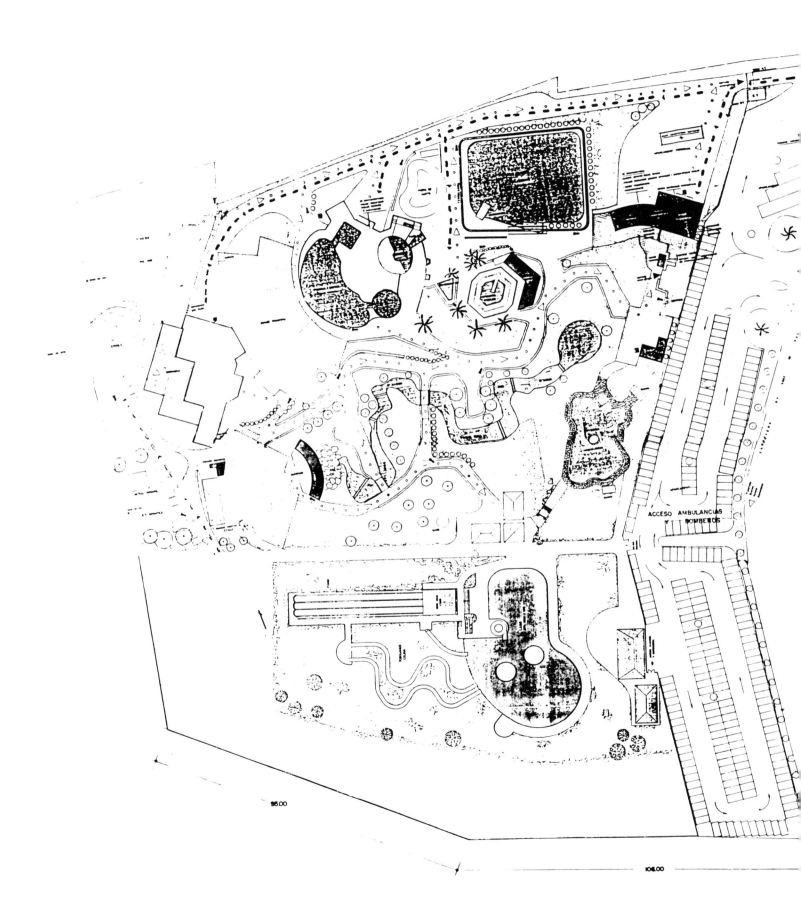

ACCESO AMBULANCIAS
Y BOMBEROS

95.00

106.00

74

The site and location.

Vegetation lines the various paths winding through Marineland.

The main elements of nature can be found in this water park in Palafolls.

The use of wood as a building material helps to strengthen the link between people and the environment.

Emplazamiento y situación.

La vegetación flanquea las diversas vías peatonales que surcan sinuosamente el área de Marineland.

Los principales elementos de la naturaleza se dan cita en este parque acuático de Palafolls.

La utilización de la madera como material de construcción contribuye a estrechar el vínculo entre obra humana y entorno.

76

View of the Mosaic Square.

Vista de la Plazuela de los Mosaicos.

Parco di Pinocchio

Renato Baldi, Lionello De Luigi and Pietro Porcinai

Completion date: 1956-1987
Location: Collodi (Italy)
Client/Promoter: Rolando Anzilotti
Collaborators: Emilio Greco (Pinocchio and the Fairy); Venturino Venturi (The Mosaic Square); Marco Zanuso (constructions in Toyland); Pietro Consagra (21 bronze and steel sculptures); Augusto Piccoli (decoration of the Great Shark); Frank Roper (The Three Sonorous Wheels and the Fantastic Heron); Giovanni Michelucci (the Tavern of the Red Shrimp and the idea for the Workshop of Words and Figures); Carlo Anzilotti (design of the Workshop); Daniela Bardinella, Barbara Pizzaleo and Sergio Sebaste (the monument to Carlo Lorenzini)

Pinocchio is without doubt the most delightful and popular figure in Italian children's literature. In 1951, to commemorate the seventieth anniversary of the publication of the book, Professor Rolando Anzilotti, Professor of American Literature at the University of Pisa and at the time Mayor of Pescia, proposed the creation of a park-monument dedicated to the author, Carlo Lorenzini, and to his most representative character, the unforgettable Pinocchio.

The choice of the site was clear from the beginning; the pseudonym used by Lorenzini to publish his immortal tale, Collodi, is a clear homage to the village where his mother was born and where he spent much of his childhood. This small idyllic locality between Montecatini Terme and Lucca, close to Pisa and Florence, appears to be a cascade of dwellings flowing gently down to the River Pescia. For this reason it was, both physically and sentimentally, the ideal setting for the planned group of monuments.

So, in 1953 a national competition was held, and 84 artists took part. The *ex-aequo* winner was Emilio Greco (with the sculpture of Pinocchio and the Fairy) and Venturo Venturini (with the Mosaic Square). After overcoming several institutional and administrative conflicts, the organising committee acquired a 7,000-m² site to serve as the setting for the winning proposals. The landscaping was by Renato Baldi and Lionello De Luigi who came up with a design dominated by trees. The plantings included 7,000 laurels, 210 holm oaks, 40 cypresses, 10 blocks of oak and beech and 275 climbing plants.

This first phase, definitively concluded in 1956, defined the original style of the park. The five-metre-tall bronze sculpture by Greco is highly symbolic, while Venturi's quadrangular plaza is surrounded by a small wall 12 metres long, including mosaics of some of Pinocchio's most famous adventures in multicoloured marble tesserae, or tiles.

In spite of their desire to commemorate Collodi's work and their respect for its spirit, controversy soon arose over the treatment given to the story and the contemporary validity of its message. The cultural intentions of the enterprise, however, led to the creation of the National Carlo Collodi Foundation, which in 1962 was consolidated as a Moral Body, and which in 1990 was recognised as an Institution of National Interest.

International participation in the design led to new proposals for the monument area, and one of the work's main attractions is that its rich plurality of styles and concepts makes it a collective creation. Each artist offers his or her own personal interpretation of Collodi's work without renouncing their particular style, but within the park's homogeneous spirit. This means it is like a classical narrative sequence, reminiscent of the romantic garden conceived allegorically around a central theme.

The process of extension started in 1963 with the inauguration next to the park entrance of the Tavern of the Red Shrimp, created by Giovanni Michelucci, with large red arcades seeking to evoke the protective pincers of the crustacean it is named after. Nine years later the southern sector of the precinct was extended with the new Toyland, an area of more than one hectare with 21 bronze sculptures by Pietro Consagra arranged along a winding route. The brick and reinforced cement structures that make up this space are the work of the architect Marco Zanuso, and fit perfectly into the carefully landscaped Mediterranean shrubland enhancing the pedestrian circuit.

The latest grand project in the park is the Workshop of Words and Figures, another of Professor Giovanni Michelucci's projects, executed on this occasion by the architect Carlo Anzilotti. This building and the restaurant house a continuous series of exhibitions dealing with Collodi and Pinocchio, as well as work by young artists.

Finally, it is necessary to mention the conceptual significance of a park that is entertaining, educational and imaginative, allowing the visitor to live exceptional experiences in wonderful natural surroundings. The role conceded to the surroundings is another of the project's main achievements. This combination of nature and art has led to the fortunate creation of a "literary route" through the world Collodi created in Pinocchio's adventures. The precinct's gentle topography means the vegetation is not a mere passive background, but acts directly by creating feeling and atmosphere. This is clear in Professor Pietro Porcinai's

Bronze sculpture of Pinocchio and the Fairy.

The famous Jiminy Cricket of Collodi's work.

Emilio Greco's sculpture is full of symbolic references.

The Great Shark water installation.

Pietro Consagra's sculptures run alongside the route through Toyland.

View of the Snake.

Escultura en bronce de Pinocho y el Hada.

El famoso Grillo Parlante de la obra de Collodi.

La escultura de Emilio Greco nos ofrece variados referentes simbólicos.

Instalación acuática del Gran Tiburón.

Las esculturas de Pietro Consagra jalonan el recorrido por el País de los Juguetes.

Toma de la Serpiente.

landscape design for the Toy Park; the vegetation is used to create a winding route full of surprises, creating suspense and emphasising contrasts.

The selection of plants sought to define an essentially Mediterranean landscape, typical of Tuscany. The plantings in the first phase have already been mentioned. This natural display has been enriched by the incorporation of new and varied specimens, including hollies, "Gloire de Marengo" ivies, strawberry trees, yuccas, bamboos, olives, maples and labrusca vines.

Sin lugar a dudas, Pinocho es el personaje más popular y entrañable que ha legado la literatura infantil italiana. Para conmemorar los setenta años de la publicación de la obra, el profesor Rolando Anzilotti, catedrático de Literatura Norteamericana de la Universidad de Pisa y por aquel entonces alcalde de Pescia, propuso la creación, en el año 1951, de un parque-monumento dedicado a la figura del autor, Carlo Lorenzini, y, sobre todo, a su personaje más emblemático, el inolvidable Pinocho.

La elección del lugar de emplazamiento estuvo muy clara desde el principio: el seudónimo empleado por Lorenzini para publicar su inmortal cuento, Collodi, es un claro homenaje al pueblo natal de su madre, el lugar en el que transcurrió una buena parte de su infancia. La idílica imagen de esta pequeña localidad situada entre Montecatini Terme y Lucca, muy cerca de Pisa y Florencia, aparece como una cascada de viviendas que desciende en suave pendiente hacia el río Pescia. Por esta razón, constituía el marco ideal, tanto a nivel físico como sentimental, para ubicar el previsto conjunto monumental.

De esta manera, en 1953 se convocó un concurso nacional al que se presentaron 84 artistas y del que resultaron triunfadores ex-aequo Emilio Greco (con la escultura de Pinocho y el Hada) y Venturo Venturini (con la Plazuela de los Mosaicos). Tras superar diversos conflictos institucionales y administrativos, el comité organizador adquirió un terreno de 7.000 m² que serviría de marco a las propuestas vencedoras. Para su adecuación paisajística, Renato Baldi y Lionello De Luigi idearon un diseño en el que la vegetación arbórea adquiría un papel pre-

The Snail, the porter of the Little White House.

The Fairy, with the Collodi dwellings in the distance.

The Little Girl Fairy in the foreground.

The sculpture of the Cat and the Vixen.

Four Black Bunnies carry the coffin to make Pinocchio take his medicine.

The disconcerting image of the Policeman.

El Caracol que ejerce de portero de la Casita Blanca.

El Hada, con las viviendas de Collodi al fondo.

Primer plano del Hada niña.

La escultura del Gato y la Zorra.

Cuatro Conejitos Negros llevan el ataúd para inducir a Pinocho a beber su medicina.

La inquietante imagen del Carabinero.

dominante: se plantaron unos 700 laureles, 210 encinas, 40 cipreses, 10 macizos de robles y hayas y unas 275 plantas trepadoras.

Esta primera intervención, cuya conclusión definitiva tuvo lugar en el año 1956, definió el estilo original del parque. La escultura de Greco es una obra en bronce de cinco metros de altura con un acento marcadamente simbólico, mientras que la plaza cuadrangular de Venturi está circundada por un pequeño muro de 12 m de longitud en el que, a partir del uso de teselas polícromas de mármol, se dibujan algunas de las más famosas aventuras del personaje de madera.

A pesar de la voluntad conmemorativa y la actitud respetuosa con el espíritu de la obra de Collodi, pronto surgieron controversias sobre el tratamiento concedido a la historia y sobre la validez actual de su mensaje. Sin embargo, el afán cultural de la empresa se concretó en la creación de la Fundación Nacional Carlo Collodi, que en 1962 se consolidó como Entidad Moral y que en 1990 obtuvo el reconocimiento como institución de Interés Nacional.

La proyección de la ciudad a nivel internacional se tradujo en nuevas propuestas para el recinto monumental. Éste es uno de los principales atractivos de esta obra: su riqueza plural de estilos y conceptos, que la convierte en una creación de carácter colectivo. Cada autor ofrece su lectura personal sobre la obra de Collodi, sin renunciar a su lenguaje estilístico, pero sin transgredir el espíritu homogéneo del parque. De esta manera, el lugar se comporta como una secuencia narrativa de orden clásico, con reminiscencias del jardín romántico concebido alegóricamente en torno a un tema central.

Este proceso de ampliación se inició en 1963 con la inauguración junto a la entrada del parque del llamado Mesón del Camarón Rojo, creación de Giovanni Michelucci que pretende evocar con sus grandes arcadas rojas las pinzas protectoras del crustáceo que le da nombre. Nueve años más tarde, el sector meridional del recinto se vio enriquecido gracias a la incorporación del País de los Juguetes, una superficie de más de una hectárea de extensión en la que se distribuyen, a lo largo de un sinuoso trazado, las 21 esculturas en bronce de Pietro Consagra. Las construcciones de ladrillo y cemento armado que conforman este espacio, obra del arquitecto Marco Zanuso, están perfectamente integradas en el cuidado paisaje de matorral mediterráneo que embellece el circuito peatonal.

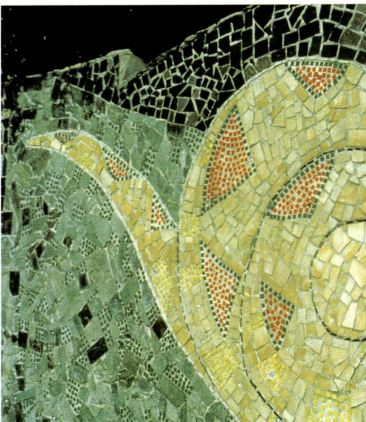

Multicoloured marble tesserae in mosaics.

The grouping of works by Venturino Venturi is one of the park's main attractions.

The Snake is also represented in the Mosaic Square.

Teselas polícromas de mármol sirven para recoger la tradición de los mosaicos.

El conjunto de Venturino Venturi es una de las principales atracciones del parque.

La Serpiente también está representada en la Plazuela de los Mosaicos.

La última gran actuación del parque corresponde al Taller de las Palabras y de las Figuras, otro proyecto ideado por el profesor Giovanni Michelucci llevado a cabo, en esta ocasión, por el arquitecto Carlo Anzilotti. Este edificio, que junto al restaurante circunda la plaza de acceso, acoge de manera ininterrumpida exposiciones en torno a temas de Collodi y Pinocho, así como obras de artistas jóvenes.

Por último, cabe hacer referencia al significado conceptual de un parque que, entre lo lúdico, lo didáctico y lo imaginario, permite vivir experiencias singulares en un magnífico entorno natural. El papel que se ha concedido a este último es otro de los grandes logros del proyecto. Esta conjugación entre naturaleza y arte se ha concretado felizmente en un «recorrido literario» por el universo de Collodi y las aventuras de Pinocho. La suave topografía del recinto permite que la vegetación no sólo sea un mero fondo pasivo, sino que actúe de forma directa sobre la creación de sensaciones y atmósferas. Esto se percibe claramente en el diseño paisajístico del Parque de los Juguetes, ideado por el profesor Pietro Porcinai: el uso de la vegetación permite trazar un itinerario sinuoso y lleno de sorpresas, creando suspense y acentuando los contrastes.

Por lo que respecta a la selección de especies, la intención ha sido la de definir un paisaje esencialmente mediterráneo, típico de la región de Toscana. Ya se han mencionado las plantaciones que se realizaron en la primera fase del parque. Aquel gran despliegue natural se ha visto enriquecido ahora por la incorporación de nuevos y variados especímenes, entre los que se encuentran acebos, hiedra «Gloire de Marengo», madroños, yucas, bambús, olivos, arces o vides labruscas.

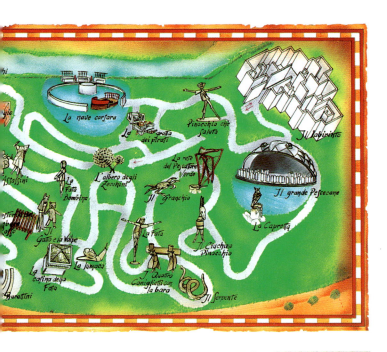

General plans showing the location of the facilities.

Planos generales que muestran la situación de las instalaciones.

Efteling
Anton Pieck

Completion date: 1950-1994
Location: Kaatsheuvel (Holland)
Client/Promoter: Efteling
Collaborators: Peter Reijnders (technical director); Ton van de Ven (creative director of landscape design).

This project is different from most of those discussed in this collection. It is not a recent project, a renovation or an extension. Efteling is the result of many years' work and its long history, like the fairy tales it recreates and which are its essence, has run parallel to the history of the Netherlands. Its development process continues today.

The Efteling recreation park has, nevertheless, been included in this volume for a specific reason. In the splendid natural setting of Kaatsheuvel, it is one of the projects which best combines landscaping with recreation. It is no coincidence that it is one of the most popular attractions in Europe (currently almost three million visitors), nor that its merits have led to it winning some of the sector's most prestigious awards. These include the 1972 Pomme d'Or, the highest European honour for recreational tourism, and the 1992 Applause Award, an award for the best amusement park in the world.

Behind this impressive presentation is Anton Pieck, creator of Efteling's conceptual and formal image and one of Holland's most charismatic personalities. He has inevitably been compared to Walt Disney, but his originality and autonomous character has made him a unique personality. Anton Pieck was Efteling's designer from the start. Behind Pieck is a person who managed to recreate his imaginative creations on the site: Peter Reijnders is the technical specialist who animates the characters thought up by the artist.

View at dusk of the Fata Morgana Palace.

Vista crepuscular del palacio de Fata Morgana.

Efteling's history is almost as fascinating as a visit to the park itself. In 1933, two chaplains decided to create a small sports complex with a playgarden for the amusement of children on the site now occupied by the park. Sixteen years passed by before the mayor of Loon op Zand and Kaatsheuvel, R.J.Th. van der Heijden, realised the area's potential as a municipal recreational zone. The space known today as Efteling was first thought of in 1950, and two years later it opened with the aim it still maintains, to be Holland's leading theme park by recreating the best- known European children's stories.

Sleeping Beauty, *Longneck*, *Mother Holle's Well* and *Snow White* were the original four stories represented. There are now 42 stories, although the need to renovate the attractions and adapt them to contemporary tastes has made it necessary to extend the range of facilities to other types of more innovatory attractions. The legendary figures from children's culture currently share the site with the highly innovative recreation facilities. One of Efteling's main attractions is that its traditional aspect is perfectly combined with adaptation to current ideas on leisure.

Since the park was opened in 1952, it has undergone continual growth. Almost every year the number of installations has increased. Some of the most important moments in this development are: the inauguration of Queen Fabiola of Belgium's story of the Indian water lilies in 1966; the exciting descent through the rapids of the Piraña, opened in 1983; the Bobsled ride, opened in 1985; the Arabian palace of Fata Morgana, opened in 1986; the Laaf Village, opened in 1990 – this imaginary community now forms part of Dutch culture. Dream Flight – a world of dreams and fairy tales – is one of the most spectacular and attractive achievements of the theme park.

Efteling's development is unstoppable, and another ambitious project is now beginning to take shape next to the park. This is the World of Efteling, with new extensions which will increase the facilities to include other contemporary leisure sectors: an 18-hole golf course (extendable to 27), a new hotel, a recreation centre and a Holiday Village and Bungalows. All this, together with the many services offered (bars, restaurants, shops, conferences, seminars as well as cultural, music and theatre events) makes Efteling one of the most complete and attractive parks on the European continent.

Nevertheless, despite Efteling's wide range of attractions, one should not forget one of its most famous features, its outstanding natural setting. Since it opened, the park's design has been based on respect for its magnificent surroundings. The siting of the installations, the open spaces and the strategic pedestrian path through the park, are all based on the need to give nature the leading role.

Ton van de Ven, the current creative director of landscape design at Efteling, intends to maintain Anton Pieck's original spirit. The large areas of trees, richly varied flower beds, large ponds and stretches of water give Efteling a clearly natural appearance. At times, the park's main attraction is the plantings; 300,000 tulips are planted every year to provide a unique show at the beginning of the tourist season. The plants chosen tend to be subordinated to the theme of the attractions (such as the numerous medicinal herbs around Laaf Village), although this is impossible in some cases (such as Fata Morgana) due to the climate.

Characters from child mythology appear in the park.

Little Red Riding Hood is also in Efteling.

The friendly inhabitants of Laaf.

View of Fata Morgana's Palace.

The entrance to Dream Flight.

Los personajes de la mitología infantil se materializan en el parque.

Caperucita Roja también está presente en Efteling.

Una simpática imagen de los habitantes de Laaf.

Toma de la instalación de Fata Morgana.

Acceso al Vuelo de los Sueños.

La obra que se analiza en el presente artículo no es un proyecto de los que habitualmente aparecen en esta colección. No se trata de una intervención reciente, de una remodelación o de una ampliación. La historia de Efteling, al igual que los cuentos que recrea y conforman su esencia, es el resultado de un largo camino que corre paralelo a la historia de su país, Holanda, y que todavía hoy continúa su proceso evolutivo.

El hecho de que aparezca en el presente volumen no es gratuito. Sin duda alguna, el parque recreativo Efteling, situado en el espléndido marco natural de los alrededores de Kaatsheuvel, es uno de los proyectos que mejor conjugan los conceptos de paisajismo y recreación. No es casual que sus instalaciones sean unas de las más visitadas de todo el continente europeo (casi tres millones de visitantes en la actualidad), ni que sus méritos se hayan visto reconocidos con algunos de los más prestigiosos galardones del sector. Entre éstos cabe destacar: la Pomme d'Or del año 1972, la máxima distinción europea en materia de turismo recreativo; y el Applause Award, galardón obtenido en 1992 y que constituye un reconocimiento internacional que consagra al mejor parque de atracciones del mundo.

Detrás de esta impresionante presentación se esconde uno de los personajes más carismáticos de toda Holanda, creador indiscutible de la imagen conceptual y formal de Efteling. La comparación con Walt Disney es inevitable, pero su originalidad y su carácter autóctono lo convierten en una personalidad irrepetible. Se trata de Anton Pieck, diseñador desde su inauguración de las instalaciones que configuran el parque y cuya desaparición hace algunos años ha dejado un enorme vacío en el sector recreativo internacional. Asimismo, detrás de Pieck se encuentra una persona que consiguió trasplantar al terreno de lo concreto sus imaginativas creaciones: Peter Reijnders, especialista técnico en proporcionar animación a los personajes ideados por el artista.

La historia de Efteling es casi tan apasionante como visitar sus instalaciones. En 1933, dos capellanes decidieron crear, en el lugar que hoy ocupa el parque, un pequeño complejo deportivo y una zona ajardinada para el esparcimiento de los niños. Tuvieron que pasar 16 años para que el alcalde pedáneo de las localidades de Loon op Zand y Kaatsheuvel, R.J.Th. van der Heijden, descubriera las posibilidades del lugar como zona recreativa municipal. En 1950 se concibió la idea del espacio conocido hoy como Efteling, y dos años más tarde fue inaugurado bajo el prisma conceptual que todavía lo anima: convertirse en el primer parque temático de Holanda, centrando su oferta en la recreación de los cuentos infantiles más emblemáticos de la cultura europea.

La Bella Durmiente, Cuello Largo, el Pozo de la señora Holle y Blancanieves fueron los encargados de abrir el fuego. De los cuatro cuentos iniciales se ha pasado en la actualidad a 42, aunque las necesidades de renovación y la adecuación a los gustos contemporáneos han obligado a ampliar la oferta a otro tipo de atracciones más innovadoras. En la actualidad, comparten espacio las figuras legendarias de la cultura infantil con las más audaces instalaciones recreativas. Éste es uno de los principales atractivos del parque Efteling: su solera tradicional está perfectamente combinada con la adaptación a las actuales filosofías del ocio.

Desde su apertura en 1952, el parque no ha hecho más que crecer. Con una periodicidad prácticamente anual, el número de instalaciones ha aumentado de manera progresiva. Algunos de los momentos más destacados de esta evolución son, entre otros: la inauguración en 1966

Aerial view of the park.   Vista aérea del conjunto.

91

del cuento de los nenúfares de la India, historia ideada por la reina belga Fabiola; en 1983, el apasionante descenso por los rápidos de la atracción llamada Piraña; el deporte del Bob también encontró su lugar en el parque en 1985; un año más tarde, se abrió al público la atracción de Fata Morgana, un palacio de reminiscencias arábigas; por último, en 1990 se inauguraron las instalaciones del pueblo de Laaf, comunidad imaginaria íntimamente vinculada a la cultura holandesa y que constituye uno de los más espectaculares y atractivos logros del parque temático.

Pero la evolución de Efteling es algo imparable. En la actualidad, un ambicioso proyecto empieza a tomar cuerpo en las inmediaciones del parque. Se trata de El mundo de Efteling, una nueva ampliación que incrementará la oferta a otros sectores del ocio contemporáneo: un campo de golf de 18 hoyos (ampliables a 27), un nuevo hotel, un centro recreativo y un jardín de infancia. Todo esto, unido a los múltiples servicios que ofrece el recinto (bares, restaurantes, comercios, conferencias, seminarios, actos culturales, musicales y teatrales) convierten el parque en uno de los más completos y atractivos de todo el continente europeo.

No obstante, la inmensa variedad de la oferta no puede hacer olvidar uno de los aspectos más celebrados de Efteling: su incomparable marco natural. Desde sus inicios, el parque fue concebido siguiendo el parámetro esencial de respetar el magnífico entorno que lo acoge. El emplazamiento de las instalaciones, los espacios abiertos que las enmarcan y el estratégico circuito peatonal que recorre el parque están fundamentados en la necesidad de conceder a la naturaleza su innegable protagonismo.

Ton van de Ven, el actual director creativo del diseño paisajístico de Efteling, vela por mantener el espíritu que marcó desde sus inicios Anton Pieck. Las grandes zonas arboladas, los ricos y variados macizos florales y los grandes estanques y cursos de agua confieren al lugar un aspecto netamente naturalista. En ocasiones, la vegetación se convierte en una de las principales atracciones del parque: anualmente se plantan unos 300.000 tulipanes que, en los primeros meses de la temporada, constituyen un espectáculo sin parangón. Por lo que respecta a su relación con las instalaciones, las especies se suelen subordinar al tema que soportan (véase la gran cantidad de hierbas curativas que pueblan los alrededores del pueblo de Laaf); no obstante, esto resulta imposible en algunos casos (por ejemplo el de Fata Morgana) por cuestiones climáticas.

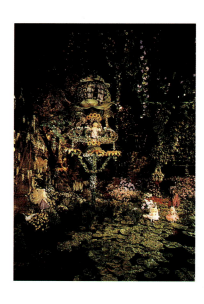

Longneck is one of the oldest inhabitants of Efteling.

View of the fairy garden.

There is a magnificent view of the vegetation and water from the Pagoda.

Cuello Largo es uno de los más antiguos moradores de Efteling.

Vista del jardín de los elfos.

Desde el mirador de la Pagoda se observa la magnífica combinación de vegetación y agua.

Pegasus, a wooden rollercoaster.

Pegasus, una montaña rusa construi-
da en madera.

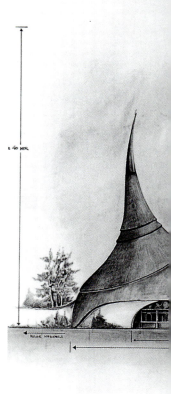

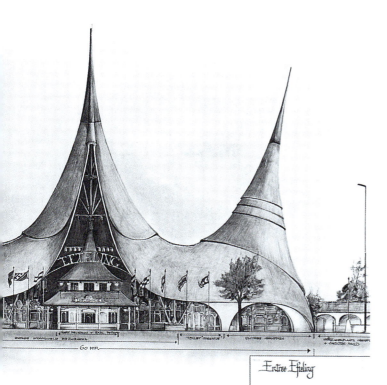

The richly varied vegetation provides the setting for the attractions.

One of the park's most recent attractions.

There are many ways to travel through the park.

The planned entrance to Efteling World.

La riqueza y variedad de la vegetación sirven de marco a las instalaciones.

Una de las modernas atracciones del parque.

El parque se puede recorrer de muy distintas formas.

Entrada prevista para El mundo de Efteling.

Parc del Tibidabo
Grupo GLOBAL, Emilio Tramullas

Completion date: 1988
Location: Tibidabo Mountain, Barcelona, Spain
Client/Promoter: Parc d'Atraccions Tibidabo S.A.
Collaborators: Joan Balaguer, Xavier Pié, Miquel Bardisa, David Araque, Carla Maristany (projects department); Nathalie Denys, Patricia Von Arend (interior design); Víctor Seguí (urban design); Ramón Blasco (structures); Joan Torrón (engineering); Salvador Santana (special effects); Marco Rossi (soundproofing)

Magic. Like Alice we cross through the Looking Glass to enter a virtual world. We find ourselves in a hall full of convex mirrors, and oblong, distorting ones. Reflections that mix reality and the unreal, and reflect the light in the eyes of a child to infinity. This is the appeal of the first attraction, opened in 1905, in Barcelona's Tibidabo amusement park. Between 1906 and 1928 the Magic Mountain acquired the features that still characterise Barcelona's skyline; attractions that include the railway running through the mountain and then over the heads of the public, and the old red airplane that always arrives at the same airport.

In 1989, the amusement park found that it had to refurbish its installations in a way that was sensitive to its history, as well as brave and revitalising. The GLOBAL group founded by Emilio Tramullas in 1977, and consisting of Tramullas, Albert Creixell (financial director) and Joseph Denys (director of studies), was commissioned to carry out this delicate operation on the boundary between several different professions. GLOBAL is a multidisciplinary group of architects, creative artists, technicians and consultants. The group is specialised in the conception and execution of theme parks and recreational complexes. Its interests

The old amusements give the park a very special charm.

Las antiguas atracciones confieren al parque un encanto muy especial.

also include projects such as the circuit of the Reial Automòbil Club de Catalunya and the new image of the Madrid underground system, which are tangential to their main activity. Their current projects include a further stage in the extension of the Tibidabo Amusements Park, the Tunis amusement park, and the future amusement theme park in Flevohof, in the Netherlands.

The Parc del Tibidabo now covers an area of 49,000 m² including the peak of the mountain (512 m), of which the amusement park as such only covers about 3,000 m². The park's site forms part of the Collserola range of hills, much of which is an urban park and a protected natural area, with a main slope facing to the southeast, overlooking the city of Barcelona and the sea. The site's steep slope means that terracing with large retaining walls was necessary to create sites for the attractions. This problem, however, was compensated for by the highly spectacular nature of the installations, which are literally hanging over a void, with a fantastic view of the city.

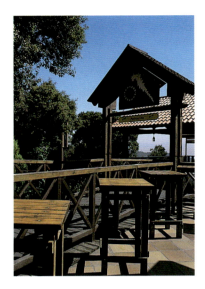

In the first phase of the scheme, which has already been completed, there have been three different levels of action. The first consisted of changes in the location of some of the existing attractions and the conservation and renovation of those features and structures that had deteriorated after years of continuous use. The second was the elimination of the installations inconsistent with the image of a family park, peaceful and non-violent, and of the installations that were obsolete in mechanical terms and as entertainments, and thus not representative of the park's original image. The last level was the introduction of new installations with the greatest respect for the current outline of the mountain, bearing in mind the environmental impact on the surroundings of the urban park. Although some of these installations have introduced high-technology robotics and computer control systems, importance was also attached to those attractions, both for children and the general public, where the users participate actively on the basis of their physical agility.

This approach, structured on these three different levels of action, would not be complete if it did not attempt to resolve the major paradox raised by an amusement park. Each attraction provides an experience that is all the more attractive if it is quite different to the other ones; otherwise, the park would be redundant and monotonous. Taking this reasoning to an extreme, however, the route through the different installations runs the risk of ending up as a confused and unrelated series of images and sounds competing to attract the public's attention. The Parc del Tibidabo has adopted a strategy that attempts to resolve this contradiction by providing a visit with a narrative continuity in which the different attractions become different episodes of a single story. This makes us think of the whole as a hierarchic unit in which the spaces between the installations cease to be neutral and homogeneous and become features conferring coherency on the route. The attractions are not limited to a series of unusual mechanical artifacts, but their theming extends to include the adjacent spaces. The improvements also gave the opportunity to eliminate the architectural barriers that the steep slope had created for the handicapped.

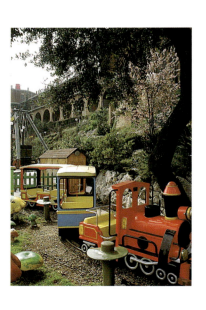

The project also sought to avoid any increase in noise pollution and this led to concern about acoustic interaction, resolved by a selective theming to eliminate the sensation of disorientation. This was achieved

100

Access to the Fast Train.

The Mini Train in its new location.

The Hurricane, a new attraction, in operation.

From the aerial monorail there is an excellent view of the city.

Acceso al Tren Rápido.

El Mini Tren en su nueva ubicación.

La atracción de nueva implantación –Huracán– en acción.

Desde el Monorraíl aéreo se disfruta de una de las mejores perspectivas de la ciudad.

by studying a way to ensure that the areas affected by the different sounds and messages superimposed on each other as little as possible.

All these efforts were coordinated in a new arrangement for the park, the incorporation of a strong theming and the introduction of high-quality attractions, and this has made the Parc del Tibidabo one of the most advanced leisure installations in Europe, without renouncing the charm of its original character, or the attractive childhood feel of the first, rudimentary attractions.

Magia. Atravesemos como Alicia el espejo para adentrarnos en un mundo virtual. Nos hallamos en una sala llena de ellos. Espejos oblongos y deformantes, espejos convexos. Reflejos en los que se confunde lo real con lo irreal y el brillo en los ojos de un niño se multiplica hasta el infinito. Todo esto sucede en la atracción con la que, en 1905, se inició la historia del Parc del Tibidabo, en Barcelona. Entre 1906 y 1928 fueron apareciendo en La Montaña Mágica los elementos que, todavía hoy, caracterizan la silueta que corona la ciudad; atracciones como el ferrocarril que recorre las entrañas de la montaña para más tarde correr sobre nuestras cabezas o como el viejo aeroplano rojo que siempre llega al mismo aeropuerto.

A mediados de los años ochenta, el parque de atracciones se vio en la necesidad de realizar una rehabilitación y renovación de sus instalaciones que fuera sensible a su historia, al mismo tiempo que valiente y revitalizadora. El grupo GLOBAL, fundado por Emilio Tramullas en 1977 eatá formado por el mismo Tramullas, Albert Creixell (director financiero) y Joseph Denys (director de estudios). Fue el encargado de llevar a término esta delicada operación situada en la confluencia de distintas disciplinas profesionales. GLOBAL es un equipo multidisciplinar de arquitectos, creativos, técnicos y consultores; especializado en la concepción y realización de parques temáticos y complejos recreativos. Dentro de sus intereses también se encuentran proyectos que, como el circuito automovilístico del Reial Automòbil Club de Catalunya o como la nueva imagen del metro de Madrid, son tangenciales a su actividad principal. Entre sus proyectos en curso destacamos una nueva etapa de la ampliación del Parc del Tibidabo en Barcelona, el parque de atracciones de Túnez, o el futuro parque temático de atracciones de Flevohof, en Holanda.

El Parc del Tibidabo ocupa actualmente una superficie de 49.000 m^2 que incluye la cumbre de la montaña (512 m), de los que la zona de atracciones propiamente dicha se limita a unos 3.000 m^2. El terreno en que se asienta el parque forma parte de la sierra de Collserola, gran parte de la cual es parque urbano y zona natural protegida, y dirige su vertiente principal hacia el sureste, mirando hacia la ciudad de Barcelona y hacia el mar. La gran pendiente del terreno obliga a formar terrazas e importantes muros de contención para ubicar las atracciones. Este inconveniente, no obstante, queda compensado por el aumento en la espectacularidad de unas instalaciones literalmente colgadas sobre el vacío y por la perspectiva privilegiada que desde ellas se tiene de la ciudad.

En la primera fase de la intervención, ya cumplida, se pueden distinguir tres diferentes niveles de actuación: en primer lugar el cambio en

The new design of the access and control area.

Installation for remote control boats, reproducing a Caribbean village.

The Pirate attraction from the access walkway.

Nuevo diseño de la zona de control y acceso.

Instalación para barcos teledirigidos que reproduce una aldea caribeña.

La atracción Pirata desde la pasarela de acceso.

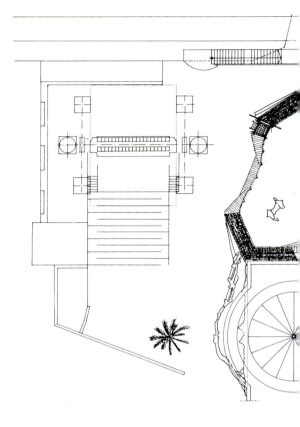

la ubicación de algunas de las atracciones existentes y la conservación y renovación de aquellos elementos y estructuras degradados por años de uso continuado. En segundo lugar se ha contemplado la eliminación de las instalaciones incongruentes con la imagen de un parque de carácter familiar, amable y no violento, y de aquellas que, obsoletas tanto mecánica como lúdicamente, no constituían elementos representativos de la imagen original del conjunto. Por último, se han implantado nuevas instalaciones procurando respetar al máximo el actual perfil de la montaña y teniendo en cuenta la repercusión ambiental en el entorno del parque urbano. Aunque algunas de estas instalaciones han introducido en el parque las más avanzadas tecnologías tanto en robótica como en sistemas de control por ordenador, se han considerado importantes también aquellas atracciones, tanto infantiles como de uso general, en las que el usuario participa activamente utilizando sus propios recursos de agilidad y condición física.

Este enfoque estructurado en torno a tres niveles de actuación no quedaría completo sin intentar resolver de alguna manera la paradoja que por excelencia se plantea en un parque de atracciones. Cada atracción nos ofrece una experiencia tanto más atrayente cuanto más variada respecto a las demás. A mayor contraste, mayor interés. De otro modo el parque podría agotarse por redundante y monótono. Llevados de este razonamiento, sin embargo, el recorrido por las distintas instalaciones corre el riesgo de acabar convirtiéndose en una sucesión inconexa y confusa de imágenes y de sensaciones sonoras que compiten entre sí por llamar la atención del público. En el Tibidabo se ha adoptado una estrategia que intenta resolver esta contradicción dotando al desarrollo de la visita de una continuidad narrativa en la que las diferentes atracciones se convierten en los distintos episodios de un mismo relato. Esto obliga a pensar en el conjunto como un todo jerárquico en el que los espacios entre las instalaciones dejan de ser neutros y homogéneos, y se convierten en un elemento con capacidad para conferir coherencia al recorrido. Las atracciones no quedan limitadas a una sucesión de curiosos artefactos mecánicos, sino que su ambientación propia se extiende a los espacios adyacentes buscando articularse con ellos. En este sentido se ha aprovechado también la oportunidad de la

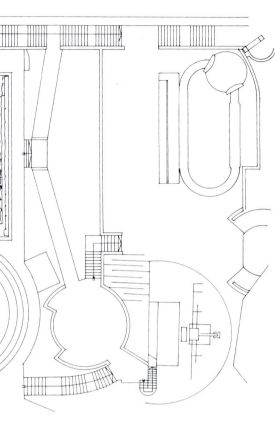

The former Red Plane continues to fly over the park's installations.

Plan of some of the installations.

The traditional roundabout is now sited on the terrace formerly occupied by the Mini Train.

El antiguo Avión Rojo continúa sobrevolando las instalaciones del parque.

Planta de parte de las instalaciones.

El tradicional Carrousel queda ahora situado en la terraza que anteriormente ocupaba el Mini Tren.

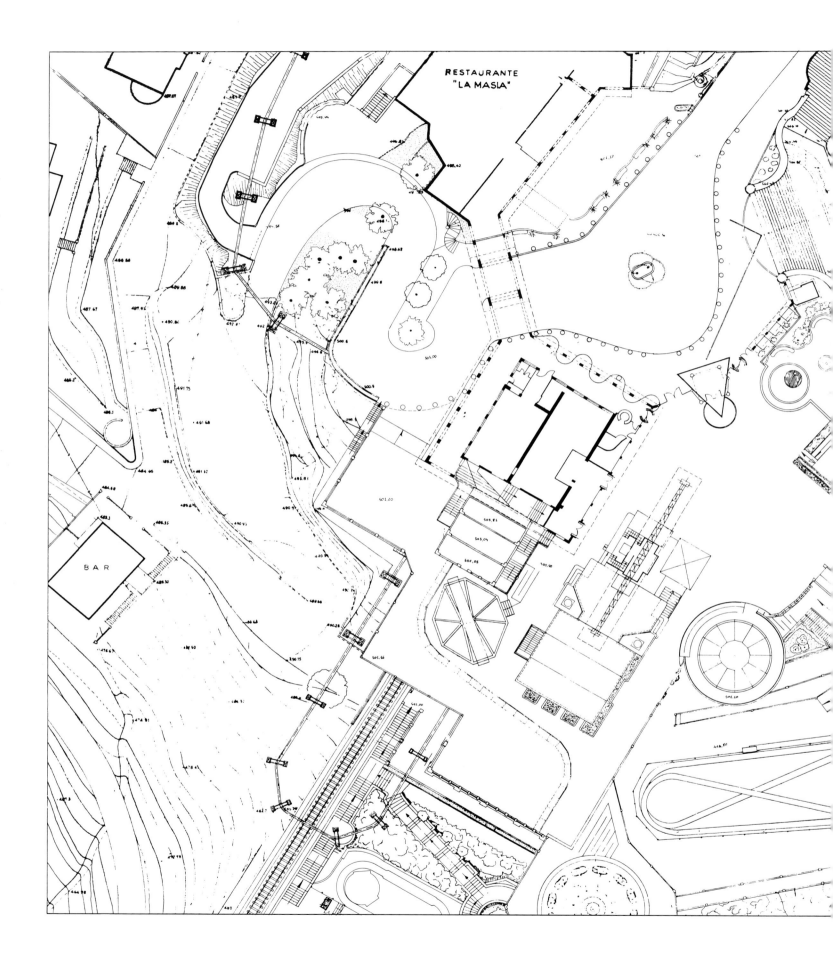

RESTAURANTE
"LA MASIA"

BAR

106

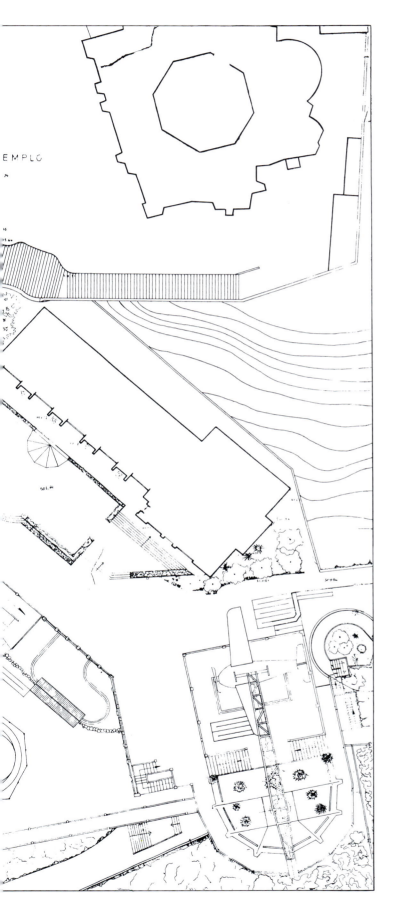

EMPLO

reforma para eliminar las barreras arquitectónicas que la fuerte pendiente del terreno imponía a las personas discapacitadas.

La preocupación del proyecto por evitar un incremento de la polución acústica ha llevado a cuidar, asimismo, los niveles de interacción sonora por medio de una ambientación selectiva que eliminara la sensación de desorientación. Esto se ha conseguido estudiando la manera de que los ámbitos de los distintos sonidos y mensajes se superpongan mínimamente.

Todos estos esfuerzos, coordinados en una nueva ordenación del parque, en la incorporación de una gran carga temática y en la implantación de atracciones de gran calidad, han conseguido equiparar al Parc del Tibidabo con las más avanzadas instalaciones de ocio de Europa, sin por ello haber tenido que renunciar al encanto de su carácter primigenio, ni al atractivo sabor a infancia de aquellas primeras y rudimentarias atracciones.

General situational plan.   *Plano general de situación.*

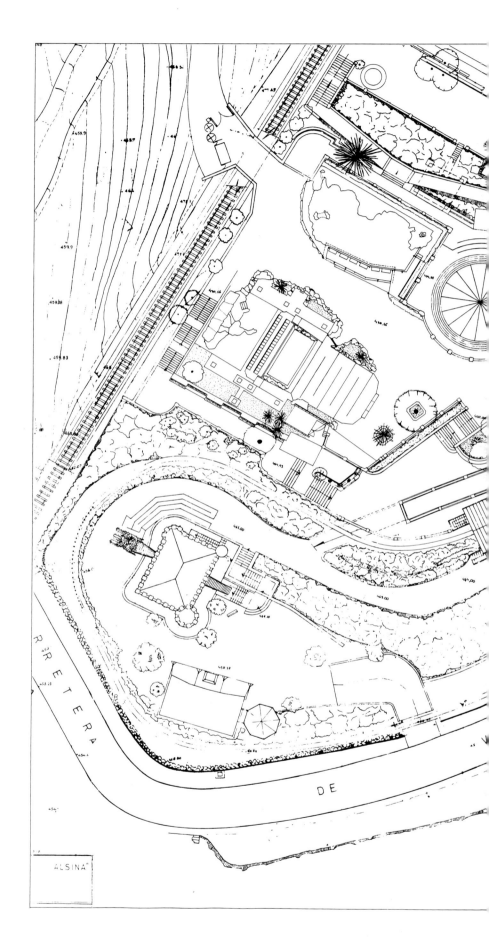

Plan of the entrances.　　　　*Plano de accesos.*

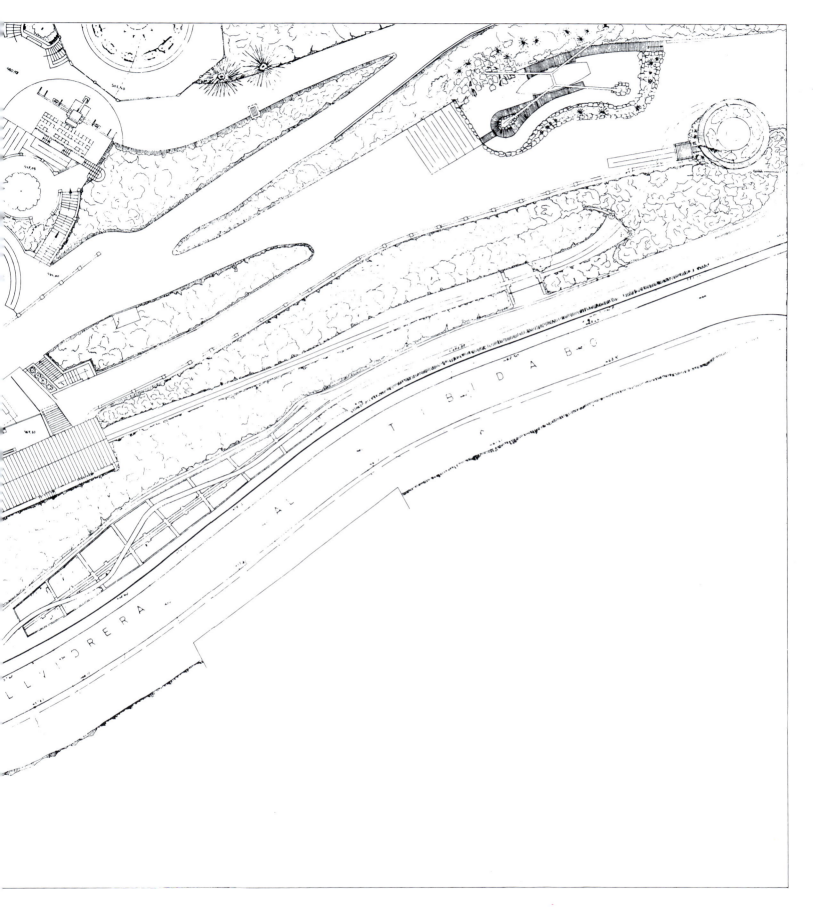

110

The atracctions have been carefully designed.

Sketched elevation of one of attractions.

The facade of the area.

Las atracciones han sido estudiadas meticulosamente.

Dibujo a mano alzada de una de las atracciones.

La fachada del mirador.

Parque España
Takenaka Corporation

Completion date: 1994
Location: Ise-Shima, Japan
Client/Promoter: Kinki Nippon Railway, Ltd., Villa España de Shima, Ltd.
Collaborators: Peridian (landscaping); Obayashi-Gumi, Kajima, Taisei;
                Zenidaka-Gumi, Mitsui, Shimizu, Nippon Doken
                (construction)

The intimate connection between the complex phenomena of architecture and society means that analysis of architecture is inseparable from social concerns. This link is even closer with respect to town planning, the aspect of architecture most closely linked to the social individual, and in constant change as a result of the continuous advancement of the social individual.

This continuous development underlies the capacity to enchant possessed by some schemes, such as the Takenaka Corporation's scheme in Ise-Shima (Mie Prefecture, Japan) to create the Spain theme park. Examining the project's basic features reveals the ideas underlying this Japanese corporation's procedures. The history of this company, now managed by Toichi Takenaka, goes back to 1610 when Tobei Masataka Takenaka started business as a carpenter in Nagoya, initiating what would later be known as the *otsumi* style. One of his descendants, Toemon Takenaka, registered the company in 1899 in Kobe, and this was the beginning of a triumphal career that consolidated Takenaka as one of the most substantial names in international architecture.

The commemoration of a historic fact, the arrival in 1549 in Japan of Saint Francis Xavier (a Spanish Jesuit companion of Saint Ignatius of Loyola, born in 1506 and who dedicated his life to the evangelisation of India, Japan and China, where he died in 1552), and the repercussions of this contact of the East with the West are the starting point for this

Aerial view of Parque España in Ise-Shima.

Vista aérea del Parque España, en Ise-Shima.

113

architectural project. There were, however, also economic reasons behind its creation; the intention was to promote tourism in the Ise-Shima area, the site of the most important Shinto shrine in Japan, to attract a greater number of visitors. The similarity of this zone's rugged landscape to the Spanish Costa Brava and the coast of Mallorca also reinforces the choice of the site.

The fusion of commemorative and economic objectives with landscaping conditions the essence of Parque España, which shows architecture's capacity to blur the space-time coordinates that articulate reality, situating itself in a world of wonder and enchantment.

The park's expected three million visitors a year can enjoy a complete vision of Spanish culture and its customs through the different reconstructions in the 113-ha site. This is split into a hotel area with an Andalusian feel (8 ha), a residential area with flats and chalets inspired by those in the Costa del Sol (33 ha), a green space (38 ha) and an amusement park covering 34 hectares.

The design of the park is based on the idea of a tourist route: the visitor is led to excellent miniature reproductions of geographical or architectural symbols of cities like Madrid, Seville and Barcelona. The visitor can see the Montserrat mountains in the form of a roller coaster, walk through Park Güell and be photographed next to the Cibeles fountain in Madrid. These landscaping symbols were chosen on advice from the Japanese anthropologist and Spanish scholar Yoshio Masuda, who also pointed out the relevance of bringing the visitor into contact with other typical aspects of Spain. These included the gastronomy (represented by fifteen restaurants offering typical food from different regions) and the Spanish character and appearance (about a hundred young Spanish actors from the School of Dramatic Art have been employed to bring the scene to life).

The route through the park's vast area guides the visitor to what may be considered its nerve centre; the reproduction of the Xavier castle (located in Navarre and the birthplace of Saint Francis Xavier). This houses a museum with eleven excellent replicas of Spanish historical and artistic pieces. The circular arrangement of the exhibition rooms prevents crowds and encourages the visitor to discover Spain's prehistory, history and varied geography. It is possible to enjoy the impressive cave paintings of Altamira (an extraordinarily exact reproduction by three Spanish teachers of fine arts) and perfect reproductions of the bell-shaped vase of Ciempozuelos (3000-2000 BC), the Lady of Elche (400-300 BC), the votive crown of the Visigothic King Recesvinto and the cross of Fernando and Sancha (XIth century).

The museum's audiovisual systems also allow the visitor to enjoy the paintings of the great Spanish masters, as well as the native flora and fauna. It is also possible to view some aspects of typical Spanish folklore (regional dress, castanets, etc.) and the process of making some of them, such as wineskins.

As this description shows, Takenaka Corporation has managed to combine different realities to create a harmonious microcosmos that blurs space and time, allowing the concept of the universal to enter.

The hotel area within the theme park has an Andalusian feel.

Fountains, reminders of Arabic culture, are symbols of Andalusian architecture.

La zona hotelera que incorpora este parque temático presenta un innegable sabor andaluz.

Las fuentes, vestigio de la cultura árabe, se convierten en emblemas de la arquitectura andaluza.

La íntima conexión que se establece entre realidades tan complejas como arquitectura y sociedad hace indisociable el análisis de las manifestaciones de la primera de las inquietudes que rigen la conducta de la segunda. Este vínculo se estrecha aún más con respecto al urbanismo, la práctica arquitectónica más fuertemente ligada al individuo social, que se halla en constante transformación por la incesante evolución de éste.

En este desarrollo continuo reside la capacidad sorpresiva de algunas actuaciones urbanísticas, como la llevada a cabo por Takenaka Corporation en Ise-Shima (provincia de Mie, Japón) para la creación del parque temático España. El examen de los rasgos básicos de esta intervención pone de manifiesto las pautas que rigen el proceder de este gabinete nipón. La historia de la firma –presidida en la actualidad por Toichi Takenaka– se remonta al lejano 1610, cuando Tobei Masataka Takenaka inicia negocios como carpintero en Nagoya, sembrando la semilla de lo que será el estilo *otsumi*, una nueva técnica de construcción. Un descendiente de éste, Toemon Takenaka, registra en 1899 la compañía en Kobe, iniciándose a partir de esta fecha una trayectoria triunfal que consolida el apellido Takenaka como uno de los más sólidos en el panorama arquitectónico internacional.

La conmemoración de un hecho histórico, la llegada en 1549 a tierras japonesas de san Francisco Javier (jesuita español nacido en 1506, compañero de san Ignacio de Loyola, que consagró su existencia a la evangelización en la India, Japón y China, donde murió en 1552), y de las repercusiones culturales de este contacto de Oriente con Occidente sirve de punto de partida para un proyecto arquitectónico. Sin embargo, razones de índole económica también subyacen en su génesis: se pretende acentuar la promoción turística de la zona de Ise-Shima, donde se encuentra el santuario sintoísta más importante de Japón, para atraer a un número mayor de visitantes. La similitud del agreste paisaje de dicha zona con el de la Costa Brava catalana y con el del litoral mallorquín refuerza, asimismo, la elección del lugar de ubicación.

La conjunción de propósitos conmemorativos y económicos con el factor paisajístico condiciona la esencia del Parque España, que pone de manifiesto la capacidad de la arquitectura para difuminar las coordenadas espacio-temporales en relación a las que se articula cualquier realidad, con lo que parece instalarse en el ámbito de la sorpresa, de la magia.

En efecto, los tres millones de visitantes anuales que espera recibir el parque pueden disfrutar de una visión completa de la cultura española y de sus costumbres a través de las distintas recreaciones que se extienden en las 113 Ha de su superficie. Ésta se reparte entre una zona hotelera de sabor andaluz (8 Ha), un área residencial con pisos y chalés inspirados en los de la Costa del Sol (33 Ha), una zona verde (38 Ha) y 34 Ha de parque de atracciones.

El diseño de este parque se basa en la idea de recorrido turístico: los pasos del visitante le conducirán a excelentes reproducciones en miniatura de los emblemas geográficos y arquitectónicos de capitales como Madrid, Sevilla o Barcelona. Así, éste puede contemplar los picos de Montserrat convertidos en montaña rusa, pasear por el parque Güell o fotografiarse junto a la mítica Cibeles de la fuente madrileña. El asesoramiento del hispanista y antropólogo japonés Yoshio Masuda determina la elección de estos símbolos paisajísticos y también señala la pertinencia de ponerlos en contacto con otras realidades españolas igual-

Typical Andalusian courtyards are reproduced faithfully in the park.

Great care has been taken in the recreation of Andalusian villages, including the wall decorations, the sloping streets, etc.

One of the most frequent features of the recreations of the Spanish rural environment are the fountains.

Night falls over the monument to Columbus.

Replica of a typical Andalusian hermitage.

Los típicos patios andaluces están reproducidos con absoluta fidelidad en el parque.

En las recreaciones de los pueblos andaluces se han cuidado los más mínimos detalles: los adornos de las paredes, la pendiente de sus calles...

Uno de los elementos más recurrentes de los que recrean el ambiente rural español son las fuentes.

Vista crepuscular sobre la que se perfila el monumento a Colón.

Réplica de una ermita andaluza.

mente representativas: la gastronomía (representada por quince restaurantes de comida típica de las distintas regiones) y el carácter y fisonomía españoles (un centenar de jóvenes actores españoles de la Escuela de Arte Dramático han sido contratados para dar vida al decorado).

El recorrido por la vasta superficie del parque guía al visitante al que tal vez pueda considerarse su centro neurálgico: la reproducción del castillo de Javier (sito en Navarra y lugar de nacimiento de san Francisco Javier). Ésta alberga un museo en el que se localizan once perfectas imitaciones de piezas del arte y la historia españoles. La distribución de sus salas en círculo evita las aglomeraciones e invita a un viaje por la prehistoria y la historia de España y por su variada geografía. De este modo, es posible extasiarse ante las impresionantes pinturas rupestres de la cueva de Altamira (reproducidas con una exactitud extraordinaria por tres profesores españoles de Bellas Artes) y las perfectas imitaciones del vaso campaniforme de Ciempozuelos (3000-2000 a de C), la Dama de Elche (siglo IV-III a de C), la corona votiva del rey visigodo Recesvinto o la cruz de Fernando y Sancha (siglo XI), por ejemplo.

Los sistemas audiovisuales del museo, además, permiten admirar las excelencias de los maestros de la pintura española, así como observar las características de la flora y fauna autóctonas. Asimismo, pueden contemplar elementos característicos del folclore español (trajes regionales, castañuelas, etc) y el proceso de fabricación de alguno de ellos, como las típicas botas de vino.

Takenaka Corporation, como se desprende de la descripción de este singular complejo turístico, ha sabido conjugar realidades bien distintas para crear un microcosmos en el que reina la armonía y en el que las coordenadas de espacio y tiempo se han difuminado para dejar paso al concepto de lo universal.

The white walls of the buildings are a symbol of Andalusian architecture.

The park's tourist installations are reproductions of originals in Spain.

The "Puerta del Sol" and the fountain of Cibeles are symbols of Madrid.

The route through the park allows viewing of architectural styles from different historical and artistic periods.

El color blanco de las paredes de las edificaciones ejerce de símbolo de la arquitectura andaluza.

Las instalaciones de que dispone el parque para albergar a turistas también son reproducciones de originales españoles.

La Puerta del Sol y la Cibeles se convierten en emblemas de la capital madrileña.

El recorrido por el parque permite la contemplación de estilos arquitectónicos de diferentes épocas histórico-artísticas.

Inside the fabulous reproduction of the Xavier Castle is the park's centre; the museum.

The celebration of the discovery of America is also reproduced in the park; the statue of Columbus and his ship bear witness.

Don Quixote and Sancho Panza are symbols of Spanish idiosyncrasies.

Strategic lighting lessens the formal impact of the fairground.

En la fabulosa reproducción del castillo de Javier se halla el centro neurálgico del parque: el museo.

La efemérides del descubrimiento de América también se reproduce en el parque: la estatua de Colón y su carabela son los testimonios.

Don Quijote y Sancho Panza actúan como emblema del idiosincrásico carácter español.

La estratégica iluminación suaviza el impacto formal del parque de atracciones.

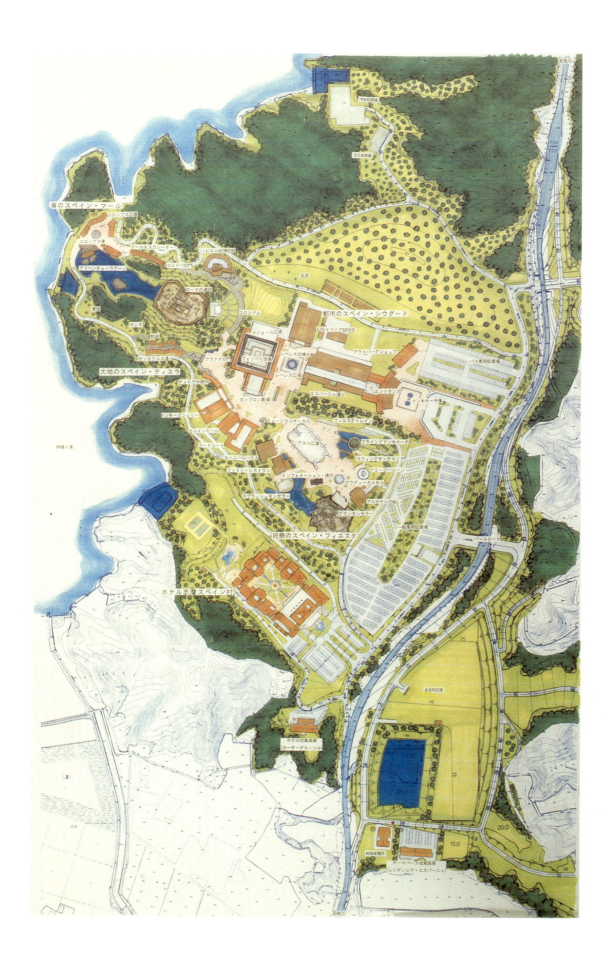

Location and situation of Parque España.

General Plan.

Emplazamiento y situación del Parque España.

Plano general.

Healesville Sanctuary Wetlands Aviary
Green & Dale Associates

Completion date: 1989
Location: Healesville Sanctuary, Victoria, Australia
Client/Promoter: Healesville Sanctuary
Collaborators: Scott & Furphy Consulting Group (structural engineering); Graham Morris (director); Kevin Yorke (horticultural research); Steve Kyall (site works management); Wiretainers Pty Ltd (aviary structure); Low Ground Pressure (earthworks); Environmental Images P/L (artificial earth banks); Healesville Sanctuary Horticultural and Grounds staff (planting and site works)

Australia is one of the world's driest continents, and much of its wildlife is found in wetlands. Even so, most wetlands have suffered from economic speculation and this has favoured their development, converting many into cultivated land or residential and commercial areas. Several statistic show the scale of this ecological tragedy: since European settlement the State of Victoria has lost more than one third of its wetlands, and one in every six of its native species now requires protection.

To reduce the noxious effects of this situation, Stuart Green, a landscape architect specialised in environmental and zoo planning, proposed the creation of a reserve for animals, especially birds, around one of these wetlands. The basic objectives, in addition to the clear ecological function of an intervention of this type, were: to create an exhibit habitat for the different living communities of the wetlands; to let visitors experience the behaviour of the wildlife, in accordance with a process of "landscape immersion" that did not prejudice the interests of the wildlife within the habitat.

The swamp environment is perfectly recreated.

El biotopo pantanoso está perfectamente recreado.

The concept of immersion is one of the essential parameters underlying the prestige of the firm Green & Dale Associates, founded in 1984 by Stuart Green. He graduated in Geography from the University of Manchester (1973) and has a postgraduate degree in Landscape Architecture from the University of Edinburgh (1977). His career has concentrated on environmental and landscape planning, and especially the design of zoos and nature reserves. After working for several companies in Canada, Great Britain and Ireland, he went to Australia, which he found a magnificent place to develop his proposals.

Among his most famous works are: the recreation of the African tropical rainforest for the gorillas at Melbourne Zoo (National Award for Design Excellence in 1992, awarded by the Australian Landscape Architect Institute); the Asian tropical rainforest for the Sumatran tigers and Asian otters at the same zoo; and the Koala Conservation Centre on Phillip Island, also in Victoria.

Green's career is directly linked to two of the most important centres of Australian fauna, Melbourne Zoo and the Healesville Sanctuary, a nature reserve with an astonishing richness of Australian animals and plants. This led to it being considered as an ideal location for the creation of a wetland habitat to concentrate the varied local flora and fauna, and also let the interested public observe the life and behaviour of the different species in their natural habitat. The reference chosen was the wetlands of the Coranderrk Bushland, Aboriginal Crown Land since 1860 and adjacent to the Healesville Sanctuary.

The site's landscaping based around a series of natural episodes to show the wealth and range of Australia's wetland habitats; lakes, swamps, marshes, creeks, streams and fringe-woodlands are the most important features of the landscape. Gentle forested slopes alternate with ferny gullies descending to the swampy flats.

The aviary covers an irregular area of about 2,300 m^2 and is 15 metres high. The 6,400 m^2 of wire netting used is supported by a central support pole. The central lake was formerly a watercourse and has been transformed to create a greater variety of landcape features, meaning it can support a greater number of plant and animal species.

Returning to the concept of landscape immersion, the basic parameter chosen was to "hide" the support structures. For example, the steel wire netting that covers the aviary was painted black, making it transparent against the surroundings and preventing interference with viewlines between the interior and exterior. Artificial interventions were also reduced to achieve an entirely naturalistic appearance. Gunite, or mock rock concrete, in colours matching the landscape is used to mould the terrain and to recreate the habitat in a realistic manner.

The idea behind the layout of the internal circulation is that it is visitor is totally immersed in the exhibit habitat without damaging the interests of the species living there. The design of the route creates changing perspectives and includes strategic viewing points. Furthermore, the route leads to an open space, where the wildlife is completely free, and then reenters the aviary from a different point, giving the impression that the exhibit is much larger and multiplying the visual experience.

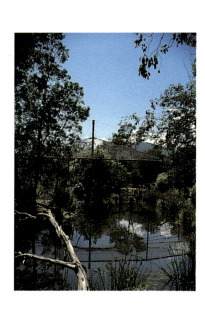

This project was designed specifically to show the life of water birds, with typical species like the swamp hen, kingfishers, herons, cormorants, native shelducks, spoonbills, egrets and darters. In addition to this wealth of birdlife, there is a surprisingly large number of mammals and

The birds find this space an ideal habitat.

Water lies at the heart of the project.

The vegetation is varied and representative of wetlands.

The hide's design fits perfectly into the environment.

Las aves encuentran en este espacio un hábitat idóneo.

El agua constituye el elemento nuclear de la intervención.

La vegetación es variada y representativa del medio acuático.

El diseño de los puestos de observación se integra a la perfección en el entorno.

reptiles within the exhibit, such as the duck-billed platypus and the copperhead snake, as well as a very wide range of native plants. The plants chosen include trees, shrubs and ferns, as well as herbaceous plants, matching the characteristic vegetation of the areas around the precinct. The project has created a habitat where wildlife is experienced by all our senses, not just by sight.

Many plants grow directly on the water.

View of the steel wire netting and central support.

Muchas plantas crecen directamente sobre el agua.

Vista del enrejado de acero, con su soporte central.

Considerado como uno de los continentes más secos del planeta, Australia concentra gran parte de sus formas de vida en torno a las zonas húmedas. No obstante, la mayoría de éstas ha sufrido la especulación económica en beneficio de intereses de explotación, tales como su conversión en tierras de cultivo o en zonas residenciales y comerciales. Varios datos estadísticos revelan la magnitud de esta tragedia ecológica: desde la colonización europea, el estado de Victoria ha perdido más de una tercera parte de sus tierras pantanosas; asimismo, una de cada seis especies nativas necesita protección.

Para paliar los efectos nocivos de esta situación, Stuart Green, arquitecto paisajista especializado en planificación medioambiental y de zoológicos, propuso la creación de una reserva de especies animales, especialmente aves, en torno a una de estas zonas pantanosas. Los objetivos básicos, además de la clara función ecológica de una intervención de este tipo, fueron los siguientes: crear un biotopo que sirviera de hábitat a las distintas comunidades de vida de las tierras húmedas y permitir a los visitantes conocer los comportamientos de las especies, según un proceso de *inmersión paisajística* que no perjudicara a los habitantes del medio natural.

El concepto de inmersión es uno de los parámetros esenciales que ha fundamentado el prestigio de la firma Green & Dale Associates, fundada en 1984 por Stuart Green. Licenciado en geografía por la Universidad de Manchester (1973) y con un posgrado en arquitectura del paisaje por la Universidad de Edimburgo (1977), Green ha centrado su trayectoria sobre la planificación medioambiental y paisajística, que ha fructificado especialmente en el diseño de zoológicos y reservas naturales. Tras trabajar para varias sociedades de países como Canadá, Gran Bretaña o Irlanda, el autor encontró en el continente australiano un magnífico marco para el desarrollo de sus propuestas.

Entre sus obras más celebradas cabe destacar: la recreación del bosque africano tropical para los gorilas del zoológico de Melbourne (National Award for Design Excellence de 1992, concedido por el Australian Landscape Architect Institute); la selva tropical para los tigres de Sumatra y las nutrias orientales, en el mismo zoológico; y el Koala Conservation Centre en Phillip Island, también en Victoria.

La trayectoria de Green está directamente vinculada a dos de los más importantes centros de la fauna australiana: el zoológico de Melbourne y la Healesville Sanctuary. Esta última es una reserva natural considerada como uno de los espacios con una mayor riqueza animal y vegetal del continente. Por esta razón, se planteó como lugar ideal para la creación de un terreno pantanoso en torno al cual se concentrara la variada fauna y flora autóctona, y que, al mismo tiempo, permitiera conocer al interesado la vida y comportamientos de las distintas especies en su hábitat natural. El referente escogido fueron las tierras de Coranderrk, próximas a la Healesville Sanctuary y propiedad de la corona británica desde 1860.

En lo concerniente a los aspectos paisajísticos, el lugar debía articularse en torno a una serie de episodios naturales que mostraran la riqueza y variedad de los biotopos pantanosos australianos: lagos, marismas, pantanos, ciénagas, cursos fluviales y márgenes arboladas son los elementos más destacados del paisaje. Asimismo, se alternan masas forestales de suave pendiente con torrenteras de helechos que descienden hacia las áreas pantanosas.

El aviario cuenta con una irregular superficie de unos 2.300 m² y 15 m de altura. Para la cubierta enrejada, sostenida por un soporte central,

*The artificial components of the mould-
ed landform reduce the risk of erosion.*

*The route offers many visual perspec-
tives.*

*The spoonbill is one of the most cha-
racteristic species to be found on the
bird reserve.*

*Los componentes artificiales del mode-
lado del terreno reducen los riesgos de
erosión.*

*El itinerario ofrece múltiples perspecti-
vas de visión.*

*La espátula es una de las especies más
características de esta reserva avícola.*

se han utilizado 6.400 m² de alambre de acero. El lago central era un antiguo curso fluvial que ha sido transformado para crear una mayor variedad de episodios paisajísticos, lo que a su vez favorece la integración vital de un mayor número de especies, tanto vegetales como animales.

Retomando el concepto de inmersión paisajística, se adoptó como parámetro fundamental la ocultación de las estructuras de soporte. Por ejemplo, el enrejado de acero que cubre el recinto se pintó totalmente en negro, lo que permitía disimularlo y armonizarlo con el entorno. Con ello, se conseguía no obstaculizar las perspectivas visuales entre interior y exterior. Asimismo, se minimizaron las intervenciones artificiales en beneficio de un aspecto netamente naturalista: la utilización del gunite y del hormigón para modelar el terreno y el empleo de cromatismos de simulación tectónica ayudaron a recrear el paisaje con un gran realismo.

Por lo que respecta a la circulación interna, el trazado persigue escenificar el concepto de inmersión en el medio sin causar perjuicio a las especies que habitan en él. El diseño del itinerario ofrece innumerables perspectivas de visión y estratégicos puestos de observación. Además, el recorrido conduce hacia un espacio abierto, en el que la vida salvaje es completamente libre, y vuelve a penetrar en el recinto por otro punto, lo que provoca la impresión de que la reserva es mucho mayor y multiplica las experiencias visuales.

Concebido especialmente para mostrar la vida de las aves que habitan los medios acuáticos y pantanosos, el lugar agrupa especies tan características como la gallinácea palustre, el martín pescador, la garza cariblanca, el cormorán, la tadorna australiana, la espátula de pico amarillo, la garceta o el ibis. Además, esta riqueza avícola se ve reforzada por un sorprendente número de mamíferos y reptiles que pueblan el recinto, como el ornitorrinco o la víbora cobriza, así como por una completísima representación de la flora autóctona del lugar. Su selección, que cuenta con árboles, arbustos, helechos, zarzas y especies herbáceas, se ha basado en la vegetación característica de las zonas próximas al recinto. Con todo ello, se ha conseguido crear un biotopo en el que la vida natural se convierte en todo un espectáculo no sólo para la vista, sino para todos los sentidos.

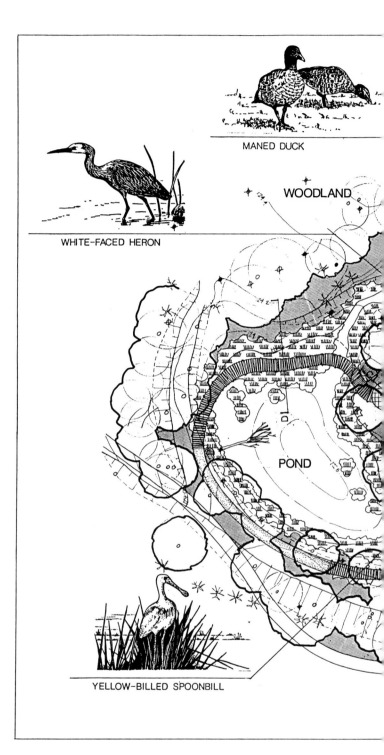

MANED DUCK

WOODLAND

WHITE-FACED HERON

POND

YELLOW-BILLED SPOONBILL

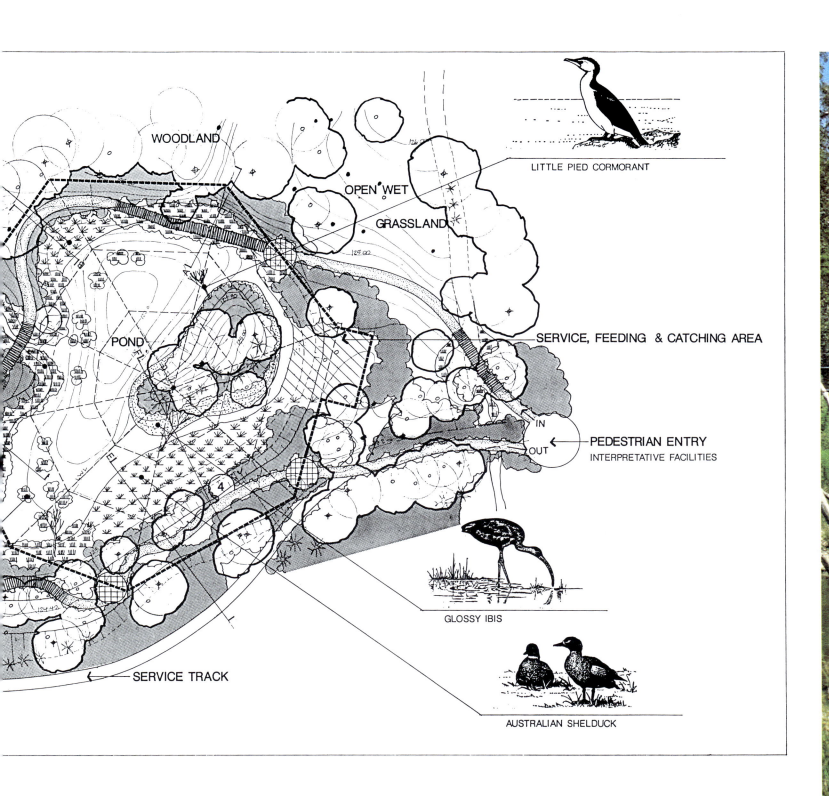

WOODLAND

OPEN WET

GRASSLAND

POND

SERVICE, FEEDING & CATCHING AREA

IN

OUT

PEDESTRIAN ENTRY
INTERPRETATIVE FACILITIES

SERVICE TRACK

LITTLE PIED CORMORANT

GLOSSY IBIS

AUSTRALIAN SHELDUCK

Plan of the reserve, showing the birds that can be observed. *Planta de la reserva, con una relación de las aves que se pueden observar.*

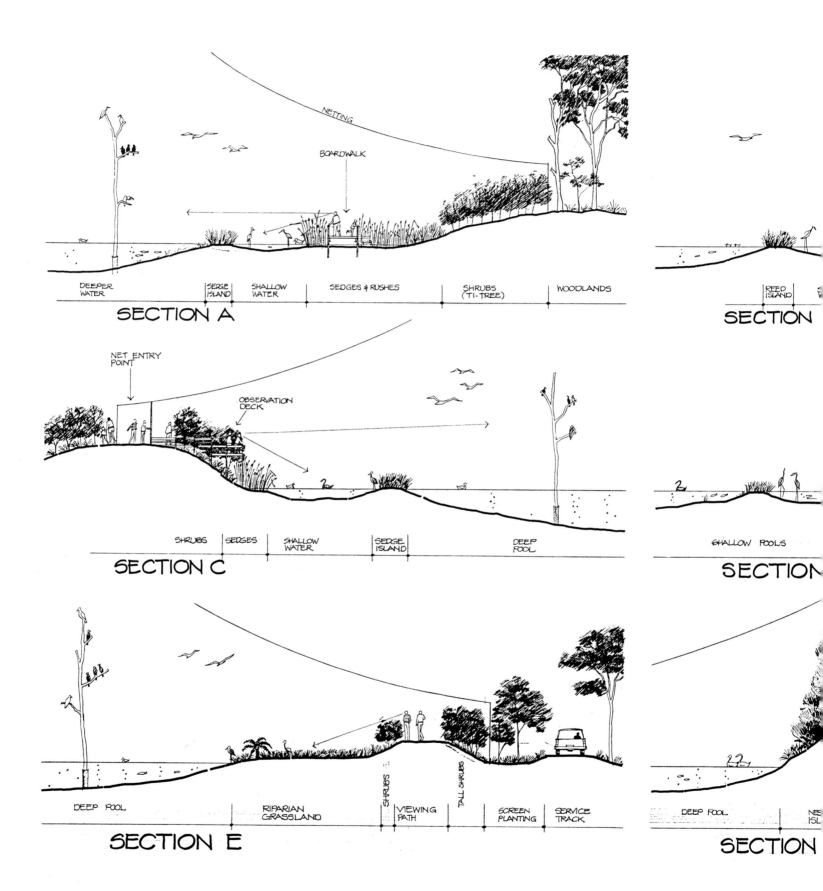

SECTION A

| DEEPER WATER | SEDGE ISLAND | SHALLOW WATER | SEDGES & RUSHES | SHRUBS (TI-TREE) | WOODLANDS |

NETTING

BOARDWALK

SECTION

REED ISLAND

NET ENTRY POINT

OBSERVATION DECK

SECTION C

| SHRUBS | SEDGES | SHALLOW WATER | SEDGE ISLAND | DEEP POOL |

SECTION

SHALLOW POOLS

SECTION E

| DEEP POOL | RIPARIAN GRASSLAND | SHRUBS | VIEWING PATH | TALL SHRUBS | SCREEN PLANTING | SERVICE TRACK |

SECTION

| DEEP POOL | NEST ISL |

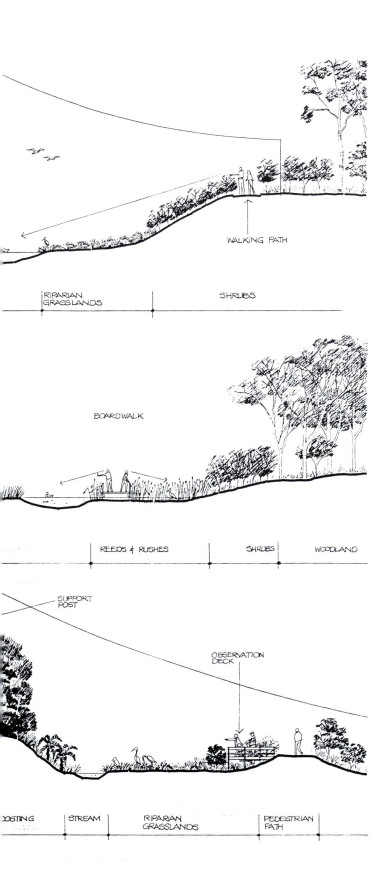

WALKING PATH

RIPARIAN GRASSLANDS	SHRUBS

BOARDWALK

REEDS & RUSHES	SHRUBS	WOODLAND

SUPPORT POST

OBSERVATION DECK

OOSTING	STREAM	RIPARIAN GRASSLANDS	PEDESTRIAN PATH

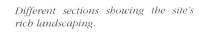

Different sections showing the site's rich landscaping.

Las distintas secciones muestran la riqueza paisajística del lugar.

135

Aquacity Water Park
Estudio de Arquitectura Nombela

Completion date: 1987
Location: Llucmajor, Palma de Mallorca (Spain)
Client/Promoter: Palma Parc, SA
Collaborators: Management team: José Antonio Nombela (principal
architect); Joaquín Fernández Becerra (technical archi-
tect); Filiberto Caselles and Bernardo García Granero
(industrial engineers); Ignacio Falcó Jover (economist);
José Roselló Molla and Julio Gutiérrez (project draftsmen)

Endorsed by their track record in recreational architecture, the members of the Estudio de Arquitectura Nombela fully understand the three fundamental parameters of the planning and construction of swimming pools. The first is that the landscaping surroundings should be an ideal setting for interrelating architecture, nature and the individual. The second is the importance of water as a dynamic and leisure feature. And the third is the leading role of the user as an active participant, fully integrated into the surroundings.

These are the basic guidelines for the Aquacity project, the aquatic installations that have helped to increase the tourist service infrastructure in one of the most beautiful areas of the Mediterranean, Llucmajor on the island of Palma de Mallorca. The beautiful landscape of the Balearic Islands, with their varied and peaceful landscape, is one of the main factors conditioning the scheme, which has subordinated entertainment and functional needs to the naturalness of the landscape.

The studio in question is directed by José Antonio Nombela Serrano (Madrid, 1939), who graduated from the Madrid Higher Technical School of Architecture in 1966. After graduating, he started his own studio in Madrid in collaboration with the architects Arzabe and Colomer. Later he opened studios in Palma de Mallorca and Benidorm, the city in

The varied colours and design are an aesthetic parameter of the project.

La plasticidad cromática y formal es uno de los parámetros estéticos de la actuación.

Alicante province where he eventually installed his main office. His extensive professional career has spanned the entire spectrum of architecture and urban design, with a total of over 700 projects.

Although its production has been wide-ranging and varied, the firm's name is most associated with designing and building recreational installations. The studio's prestige has spread abroad, winning commissions to create waterparks in Kuwait, São Paulo, Cairo and Isla Margarita (Venezuela). This international reputation in based on the many parks they have constructed in Spain including ones in Benidorm, Villanueva de la Cañada (Madrid), Benicasim (Castellón) and Torrevieja (Alicante). We must not forget a 36-storey building in Alicante (the second tallest in Spain), and projects such as a shopping centre and office block in Brussels, the 70-storey Congress Hall (which will be the highest building in Europe), and several golf courses.

The chosen location for the new Aquacity was a large 125,000-m^2 site, located on the southern edge of Mallorca's motorway and consisting of three different areas. The first was an area of very dense pinewood. The second area was a former quarry. The third sector was an area used a rubbish dump that covered almost half the total site. Respect for the areas of trees meant that the other areas were used to site the water features, thanks to a strategic use of the varied topography.

The accesses to the park were assisted by the infrastructure guaranteed by the presence of the nearby motorway. The site offered a 350-m-long front facing the road, and two distribution nodes ensured good communications with the different areas of the island. This is why the front sector includes a large parking area, with capacity for 15,000 cars, which helped to free a larger area for leisure and landscaping uses.

The scheme's basic parameter consisted of the construction of installations that were totally integrated into the natural environment. To achieve this, the planning process sought two basic objectives; the conservation and cleaning of the pine areas, reinforced by planting turf and couch grass; and a naturalistic design to define the landscape episodes, such as lakes, waterfalls, rivers and beaches.

From the point of view of distribution, the access box offices lead into a large circular plaza, the nerve centre from which the internal communications leave. This space includes many services and a commercial centre, and is envisaged as a plaza in an old village, characterised by single-storey buildings with a portico front and variable wall coverings. A large waterfall that can be crossed, a small lake and a pergola complete the design of this sector.

Two orthogonal axes articulate the internal communications. The one facing the left is constructed on the area that used to be the rubbish dumps and quarries, now a hill that has been regenerated by plantings, garden work and artificial rocks. Levelling along contour lines allows the distribution of the different attractions; swimming pools with artificial waves, rapids, soft tracks, natural and aerial slides, slides and a children's pool. The slides are made of polyester, and feature an outstanding variety of leisure services and a careful link to the natural environment.

The longitudinal axis consists of a street flanked by masonry walls. This route leads to an island housing the main restaurant, in the form of a welcoming cabin, surrounded by the Slow, or Lazy, River. Crossing a

Gentle slopes and vegetation surround the attractions.

The Slow, or Lazy, River.

One of the large slide areas.

One of the cliffs in the area of large lakes.

Suaves pendientes y vegetación circundan las atracciones.

Atracción del Río Lento o Perezoso.

Una de las grandes zonas de toboganes.

Uno de los acantilados en la zona de los grandes lagos.

small bridge leads the visitor to an area of large lakes, sited in a clearing in the pinewood created by a former quarry. Great importance is given to the naturalist treatment of the installations; beaches, lawn areas, small cliffs, hanging bridges, picnic areas, etc. Another important feature is a music auditorium, separated from the amphitheatre by a small moat. Finally, it is also necessary to point out that this respectful attitude is not limited to the vegetation; the paths and tracks already present have been rescued to improve communications between the interior areas.

Avalados por una dilatada trayectoria en el campo de la arquitectura recreativa, los integrantes del Estudio de Arquitectura Nombela conocen muy bien los tres parámetros fundamentales en la planificación y construcción de parques acuáticos: en primer lugar, el entorno paisajístico como marco idóneo para la interrelación entre arquitectura, naturaleza e individuo; en segunda instancia, la importancia del agua como elemento dinámico y lúdico; y, por último, el protagonismo del usuario como participante activo, plenamente integrado en el contexto circundante.

Éstas son las directrices básicas del proyecto Aquacity, las instalaciones acuáticas que han contribuido a aumentar la infraestructura de servicios turísticos de una de las zonas más privilegiadas del Mediterráneo: Llucmajor, en la isla de Palma de Mallorca. El incomparable entorno balear, con su paisaje sereno y variado, es uno de los principales condicionantes de la intervención, que supedita las necesidades funcionales y lúdicas a la naturalidad del paisaje.

Al frente del citado estudio arquitectónico se encuentra José Antonio Nombela Serrano (Madrid, 1939), titulado por la Escuela Técnica Superior de Arquitectura de Madrid en 1966. Tras licenciarse, funda su propia oficina en la capital española, en la que colaboran los arquitectos Arzabe y Colomer. Más tarde, abre estudios en Palma de Mallorca y Benidorm, ciudad alicantina en la que, finalmente, instala su sede central. En su extensa carrera profesional, caracterizada por abarcar todos los espectros de la arquitectura y el urbanismo, se pueden contar más de 700 proyectos.

A pesar de su producción plural y variada, el nombre de la firma se asocia con frecuencia al diseño y ejecución de instalaciones recreativas. Su prestigio ha traspasado la geografía nacional y sus servicios han sido solicitados para realizar varios parques acuáticos en Kuwait, São Paulo, El Cairo o Isla Margarita (Venezuela). Esta proyección internacional

General view of Aquacity's beaches.

The water features fit into the natural surroundings.

Lake with artificial island and water jet.

Vista general de una de las playas de Aquacity.

Los episodios acuáticos se integran en el entorno natural.

Lago con isla artificial y surtidor.

tiene su base en la multitud de parques construidos en España, entre los que destacan los de Benidorm, Villanueva de la Cañada (Madrid), Benicasim (Castellón) o Torrevieja (Alicante). Tampoco hay que olvidar obras tan importantes como un edificio de 36 pisos en Alicante (el segundo más alto de España) o proyectos como un centro comercial y un bloque de oficinas en Bruselas, el Palacio de Congresos de 70 plantas (que será el edificio más alto de Europa) o varios campos de golf.

El terreno escogido para ubicar el nuevo Aquacity consistía en una amplia superficie de 125.000 m², localizados en la margen septentrional de la autovía mallorquina y diferenciados en tres sectores distintivos: por una parte, zonas de pinares de gran densidad forestal; por otra, antiguas canteras de piedra de marés; y, finalmente, terrenos utilizados como escombreras y vertederos que ocupaban casi la mitad del área general. Anteponiendo el respeto por las masas forestales, los espacios restantes se reservaron para la ubicación de las instalaciones acuáticas, gracias a un estratégico aprovechamiento de los variados perfiles topográficos.

Los accesos al parque se vieron beneficiados por la infraestructura que garantizaba la cercana presencia de la autovía: los terrenos ofrecían un frente de 350 m hacia el trazado viario y dos nudos de distribución aseguraban la comunicación con las distintas partes de la isla. Por esta razón, en el sector frontal se dispuso una gran zona de aparcamiento con capacidad para 15.000 plazas, lo que contribuyó a liberar una mayor superficie destinada a usos lúdicos y paisajísticos.

El parámetro fundamental de la intervención consistió en la construcción de unas instalaciones totalmente integradas en el entorno natural. Para ello, la planificación se orientó en dos direcciones básicas: la conservación y limpieza de las grandes masas de pinares, reforzadas mediante la plantación de césped y grama; y un diseño de talante naturalista en la definición de los episodios paisajísticos, como lagos, cascadas, ríos y playas.

Desde el punto de vista de la distribución, las taquillas de acceso se abren hacia una gran plaza circular, centro neurálgico desde el que parten las comunicaciones interiores. Este espacio, en el que se concentran un gran número de servicios y el centro comercial, está concebido a la manera de las antiguas plazas de pueblo, caracterizadas por cuerpos

The slides are made of polyester components.

The hanging bridges facilitate communication between the different areas.

The large variety of attractions allows the visitor to choose between them.

Los toboganes están fabricados en poliéster.

Puentes colgantes facilitan la comunicación entre zonas.

La gran variedad de atracciones permite que el visitante escoja a placer.

porticados de una sola planta con revestimientos murales de gran plasticidad. Una gran cascada transitable, un pequeño lago y una pérgola completan el diseño de este sector de distribución.

Dos ejes ortogonales articulan la comunicación interior. El que se orienta hacia la izquierda se estructura sobre la zona correspondiente a los antiguos vertederos y canteras, una colina que ha sido regenerada mediante plantaciones, ajardinamientos y rocas artificiales. La nivelación por cotas permite distribuir las distintas atracciones: piscina de olas, rápidos, pistas blandas, toboganes naturales y aéreos, kamikaces y piscina infantil. Los componentes de descenso están fabricados en poliéster, destacando la gran variedad de servicios lúdicos y la cuidada relación con el entorno natural.

El eje longitudinal consiste en un calle flanqueada por muros de mampostería. Este trazado desemboca en una isla que acoge el restaurante principal, con formato de acogedora cabaña y circundado por la atracción acuática del Río Lento o Perezoso. Cruzando un pequeño puente se accede a la zona de los grandes lagos, que aprovecha la calva de un bosque de pinos originada por la explotación de una cantera. En este sector cobra gran importancia el tratamiento naturalista concedido a las instalaciones: playas, praderas de césped, islas artificiales, pequeños acantilados, puentes colgantes, áreas de picnic, etc. También destaca la ubicación de un auditorio musical, separado del anfiteatro por un pequeño foso de agua. Por último, es preciso mencionar que la actitud respetuosa no se ha dirigido únicamente hacia la vegetación: los senderos y caminos ya existentes se han recuperado para intercomunicar las zonas interiores.

Portico structures are a typical feature of Aquacity.

General view of the aerial slides.

Natural and artificial features combine perfectly.

Bird's-eye view of the slides.

Water, colour and vegetation are the main components of the design.

Las estructuras porticadas son características del Aquacity.

Vista general de los toboganes aéreos.

Episodios naturales y artificiales conviven a la perfección.

Toma en picado de los kamikaces.

Agua, color y vegetación son los principales componentes del diseño.

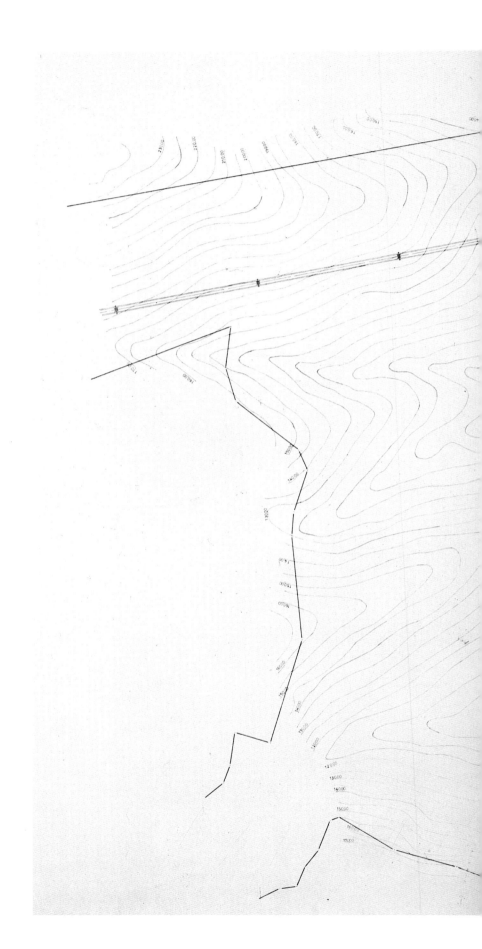

General plan of the Aquacity installations.

Planta general de las instalaciones de Aquacity.

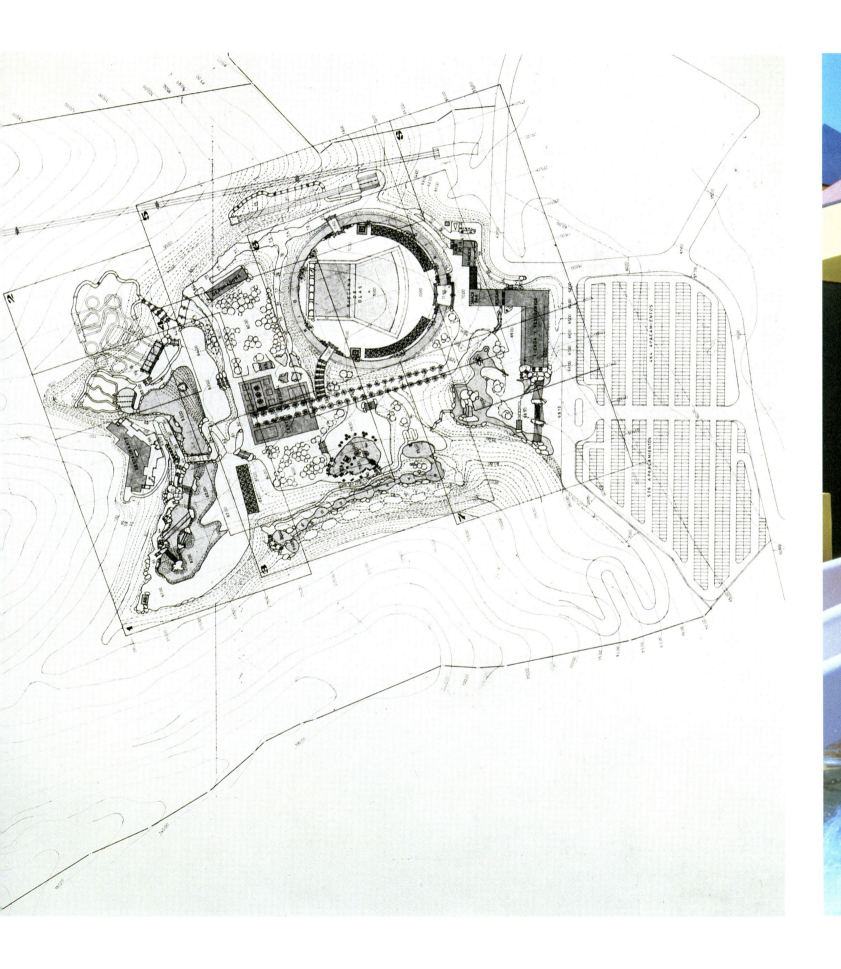

148

The repetition of shapes and colours is a characteristic feature of AmeriFlora '92.

La reiteración de morfologías y colorido se convierte en rasgo característico del diseño de AmeriFlora '92.

AmeriFlora '92

EDAW

Completion date: 1992
Location: Columbus, Ohio, USA
Client/Promoter: U.S. Christopher Columbus Quincentenary Jubilee Commission and the International Association of Horticulture Producers (AIPH)
Collaborators: Feinknopf, Maciosa, Schapps (Architects)

Sometimes the reasons for creating something transcend its motivating function and acquire a value of their own, making them the very essence of the scheme itself. The commemoration of the fifth centenary of the discovery of the Americas is an example of this phenomenon, as it was the reason for numerous architectural projects and, at the same time, more important than their results.

AmeriFlora '92 must be considered from this point of view. It was an architectural and landscaping scheme intended to celebrate the five hundredth anniversary of the accidental discovery of the New World by the Spanish crews commanded by Columbus. This anniversary was not only the reason for the project, but also one of the features articulating the project designed and performed by the EDAW collective.

This American studio was chosen from more than fifty American companies by the organisers, as their proposal fitted in with the commemorative and other requirements. This interdisciplinary group with offices in cities throughout America (San Francisco, Seattle, Atlanta, Denver, Fort Collins, etc.) and other countries (Berlin, London, Glasgow, Sydney, etc.) was also selected for its excellent track record, with more than 120 prizes showing the brilliant nature of its work. These include the town planning of Green Valley and the centre of Atlanta, the disembarcation area at Disney's Dixie, the historic area of Sutro and the Koll Anaheim Center.

AmeriFlora '92 is sited in a large green area in the city of Columbus, capital of Franklin County and the state of Ohio, and named after the famous sailor from Genoa. As well as the commemoration, the project also responds to promotional and economic reasons. The celebration of the fifth centenary was a good pretext to organise the first American international flower show, held in a specially designed precinct between April 20 and October 12, 1992.

This exposition covered a 65-ha site and showed the rich cultural heritage of the continent Columbus discovered as well as the one he departed from. Showing these rich cultural heritages, and the role of Columbus, is the idea behind the exhibition. The repetition of the corporate logo also helps to make this latent idea clear.

The area of AmeriFlora '92 is based on large parterres, identical in shape and colour. EDAW's talent in choosing the flowering plants was remarkable, because they had to retain their colour unchanged over the six month exhibition, as any colour changes would have meant the loss of their representative role.

This symbolic role was not limited to the plants; this function was also played by the shapes and colours of some of the architectural features. The idea of creating a surprising exhibition space led to the repeated use of certain colours (pink, purple and magenta) and shapes (stars, circles, waves and teardrops) aesthetically combined and defined by their highly evocative character.

The unusual nature of these landscaping components does not eclipse the main feature of AmeriFlora '92, the Star Fountain. This is a star-shaped fountain with a sequenced water display in each arm that appears to be spontaneous, although it is controlled by computer. This interactive fountain is at the entrance to the installations, whose pavement includes different-sized stars that, like the fountain, represent the logo of AmeriFlora '92.

This succession of graphics in the paving and their extraordinary colouring encourage the visitors to circulate. This encouragement is very necessary as it was calculated that 30,000 people a day visited AmeriFlora '92. This mass of people determined other aspects of the flower display's design. There were large spaces for the arrival and departure of cars, coaches and other vehicles without sacrificing scale, comfort or visual attractiveness.

As may be deduced, the members of EDAW and the promoters wished nature to be the star of the show. Its eternal and universal character makes it interesting, and its inherent harmony appears to seek to project itself over the Old and New Worlds. The desire to integrate the preexisting features (the park's ancient trees) and the new ones (the plantings, the flower beds, etc.) also constitute one of the guidelines for the design of AmeriFlora '92. This work is an example of the power of architecture to modify perceptible space, crossing the limits of reality to acquire a poetic dimension.

Water, a natural feature, plays an important role.

Wavy forms and bright colours define some areas of pavement.

In AmeriFlora'92 the public's contact with nature is encouraged by the absence of architectural barriers.

The wide pedestrian pathways and their elegant borders encourage circulation.

The repetition of some colours, such as shades of purple, reflects the desire to reproduce the AmeriFlora'92 logo.

El agua, como elemento constitutivo de la naturaleza, desempeña una importante función.

Las formas onduladas y un extravagante cromatismo definen algunos sectores del pavimento.

En AmeriFlora'92 se potencia el contacto del público con la naturaleza mediante la ausencia de barreras arquitectónicas.

La amplitud de las vías peatonales y la belleza de los elementos que las acotan convidan a circular por ellas.

En la recurrencia de algunas tonalidades como las purpúreas se halla el deseo de reproducir los colores del logotipo de AmeriFlora'92.

152

En ocasiones, las razones que subyacen en la génesis de una creación trascienden su función motivadora y adquieren un valor propio que las transforma en la esencia de la misma, esto es, en lo que constituye su naturaleza, lo permanente e invariable de ella. La conmemoración del quinto centenario del descubrimiento de América pone de manifiesto esta contingencia al convertirse en causa de numerosas intervenciones arquitectónicas y, al mismo tiempo, planear sobre los resultados de éstas.

Desde esta fértil ambivalencia debe analizarse AmeriFlora'92, obra arquitectónica y paisajística que celebra los quinientos años del casual hallazgo del Nuevo Continente por la tripulación española comandada por Colón. Este aniversario, además de ser motivo, deviene también uno de los elementos articuladores del proyecto, diseñado y ejecutado por el colectivo EDAW.

La selección de este gabinete americano entre más de cincuenta firmas nacionales por parte de las organizaciones promotoras se basó en la adecuación de la propuesta presentada a la voluntad de evocación antes mencionada y, asimismo, a otros objetivos de distinta índole. También determinó su elección la dilatada trayectoria profesional de este grupo multidisciplinar, que posee oficinas en diversas ciudades de Estados Unidos (San Francisco, Seattle, Atlanta, Denver, Fort Collins...) y de otros continentes (Berlín, Londres, Glasgow, Sydney, etc.) y cuenta con más de 120 premios que avalan la brillantez de sus trabajos. Entre éstos destacan la planificación urbanística del Green Valley y la del centro de Atlanta, la zona de desembarco del Disney's Dixie, el distrito histórico de Sutro o el centro Koll Anaheim.

AmeriFlora'92 se asienta en una extensa zona verde de Columbus, capital del condado de Franklin y del estado de Ohio que obviamente debe su nombre al celebérrimo navegante genovés. Este proyecto responde, además de a un prurito conmemorativo, a propósitos económicos y promocionales: la celebración del quinto centenario del descubrimiento de América constituye un digno pretexto para la organización, en un recinto diseñado para la ocasión y entre el 20 de abril y el 12 de octubre de 1992, de una exposición floral de carácter internacional, algo inédito hasta entonces en el territorio norteamericano.

Esta exposición se estructura en un área de unas 65 Ha en la que se puede contemplar el rico patrimonio cultural no sólo de las tierras des-

The five-pointed stars recall the logo of the flower park in Columbus.

The integration of the preexisting features with new ones is shown in this photo.

Las estrellas de cinco puntas evocan el símbolo gráfico de este parque floral de Columbus.

La integración de elementos preexistentes con otros de nueva factura puede contemplarse en esta fotografía.

cubiertas por Colón sino también del continente del que partió. La constatación de la riqueza propia de Europa y América y el reconocimiento de que dicha constatación es posible gracias a la hazaña del marinero italiano se convierten, como se ha apuntado más arriba, en una idea latente que vertebra la totalidad del espacio de exhibición. La recurrente presencia de la imagen corporativa que lo representa, además, también contribuye a hacer patente esa idea.

Efectivamente, la superficie de AmeriFlora'92 sustenta grandes parterres idénticos en cuanto a configuración y colorido se refiere. En este sentido, cabe destacar la habilidad de EDAW al elegir las especies florales que se plantaron en ellos: era preciso que ninguna de ellas sufriera variaciones cromáticas en los seis meses de exposición, ya que cualquier modificación diluiría su función representativa.

Pero no sólo las plantas ejercen esa función: las formas y colorido de algunos elementos arquitectónicos también la desempeñan. Así, con el objeto de crear un espacio de exhibición sorprendente, se recurre reiteradamente a unos colores determinados (rosas, púrpuras y magentas) y a unas morfologías concretas (estrellas, círculos, ondas y lágrimas) que se combinan estéticamente y se definen por su gran capacidad de evocación.

La singularidad de estos componentes del paisaje, sin embargo, no eclipsa el protagonismo del que se convierte en núcleo de AmeriFlora'92: la Star Fountain, una fuente en la que se dibuja una estrella de cuyos brazos surgen secuencialmente chorros de agua que, a pesar de estar controlados mediante un ordenador, transmiten una grata sensación de espontaneidad. Esta fuente interactiva se localiza en la zona de entrada a las instalaciones, cuyo pavimento está salpicado con estrellas de diversos tamaños que, al igual que la de la fuente, simbolizan la imagen corporativa de AmeriFlora'92.

Esta sucesión de gráficos en el pavimento, y su extraordinario colorido, además, parecen invitar a los visitantes a circular. Esta invitación, lejos de ser una sugerencia, parece casi un imperativo, dado que se calcula que unas 30.000 personas acuden a AmeriFlora'92 diariamente. Esta potencial avalancha humana también determina otros rasgos del diseño de este parque floral; así, por ejemplo, se crean amplios espacios para la llegada y salida de utilitarios, autobuses u otros vehículos sin sacrificar escalas, confort o atractivo visual.

The winding access road to AmeriFlora '92 appears to extend to the sinuous arrangement of the flowers.

The Star Fountain is the scheme's key architectural feature.

La ondulación de la carretera de acceso a AmeriFlora '92 parece prolongarse en la sinuosa disposición de las flores.

La Star Fountain se convierte en el elemento arquitectónico clave de todo el proyecto.

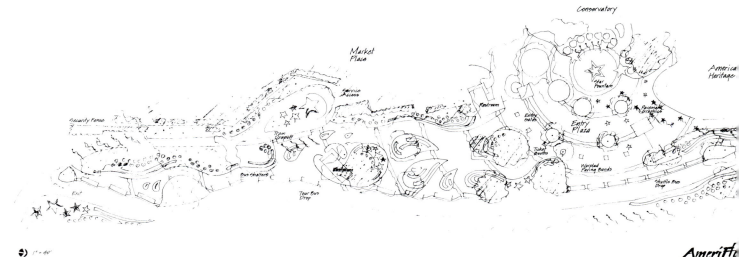

Como se deduce, los componentes de EDAW y las entidades promotoras pretenden que la naturaleza sea la verdadera protagonista del recinto. Su carácter eterno y universal le otorga su poder sugestivo y su inherente armonía parece querer proyectarse sobre el Nuevo y el Viejo Continente. Así, el deseo de integración entre elementos preexistentes (los centenarios árboles que pueden contemplarse en el parque, por ejemplo) y nuevos (las áreas de plantación, los parterres florales...) se convierte también en una de las pautas del diseño de AmeriFlora'92. Esta obra, por último, ejemplifica el poder de la arquitectura para modificar el espacio sensible, procurando que éste supere los límites de la realidad y adquiera una dimensión poética.

General plan of AmeriFlora'92.

Plan of the location of the different installations.

The entrance to AmeriFlora'92 shows the colours that predominate inside.

Plano general de AmeriFlora'92.

Plano de distribución de las diferentes instalaciones.

La entrada al recinto de AmeriFlora'92 muestra los colores que predominan en el interior.

Giardino didattico Villa Milyus

Elena Balsari Berrone and Daniela Volpi

Completion date: 1982
Location: Sesto San Giovanni (Milan)
Client/Promoter: Comune di Sesto San Giovanni (Milan)
Collaborators: Franco Tanzini (maintenance)

The project discussed in this article combines two elements basic to this volume; landscaping and recreation. The landscaping aspect deals with the creation of a space in which nature and flora play the leading role. The recreational aspect is shown by the educational aims that make this modest garden one of the landscaping works that is most committed to its cultural, social and natural surroundings.

The intention is clear; to transform a former eighteenth-century garden into a space that allows the visitor to relate directly to nature in a way that is also educational. Underlying the project is the idea of informing the visitors, especially children. In an industrial city like Sesto San Giovanni young people are unaware of their natural environment and know little of the beauties of their local flora.

To overcome these deficiencies, the architects Elena Balsari Berrone and Daniela Volpi proposed a landscape design that respected the site's cultural and historic essence, but transformed the garden into an educational excursion through specimens of the typical local vegetation. A strategic layout, pedestrian pathways that combine the rational and the natural, and signposting all go to make this project an example to follow in environmental education. For this very reason, the project was considered at the National Convention of the Italian Soroptimist Club in 1992.

Marsh and water plants are arranged around the pool.

En torno al estanque se agrupan las especies acuáticas y palustres.

Balsari Berrone graduated from the Polytechnic of Milan in 1945 and has worked, mainly in collaboration with several professional studios, as an expert on planning green spaces. Her work is not limited to public and private gardens, but extends to industrial and service areas. Among her most important landscaping works are: the Pirelli building in Milan, the IBM offices in Segrate (Milan, in collaboration with Daniela Volpi) and S. Palomba (Rome) and the Cavagnari Banking Centre in Parma. She has also worked abroad, with projects in cities like Teheran, Monte Carlo and Tokyo.

Daniela Volpi graduated in 1969, also from the Polytechnic of Milan. She has participated, in collaboration with several architectural studios, in prestigious projects like: the Banca Antoniana in Padua, the CED Milan Stock Exchange and the Credito Romagnolo in Reggio Emilia. Her experience with green spaces includes work on urban parks in Cesano Boscone and Rovellasca, and a private park in Lugano.

Under the name of Studio Landscape, the two architects' careers came together in one of their most important commissions, the Villa Milyus Educational Garden. The smallish project covers only 3,800 m², located right in the centre of the city, which considerably reduced its possibilities. Even so, the landscapers' proposal considered possible future use of another part of the villa's garden.

The project's inspiration came from reflecting on the garden's magnificent trees, some centuries old, including different species of beech (*Fagus sylvatica* and *F. asplenifolia*), as well as many hackberries, magnolias and hornbeams. The idea of placing a label on each one, with its common and Latin names, gave rise to the idea of creating a park that taught the urban population about Lombardy's wealth of plants. The project's philosophy can be summed up in a single sentence, "*If you love something, you call it by its name*". If the visitor also directly sees and experiences it, the experience is even more enriching.

One of the first issues to arise was the criteria to be used for selecting the plants, which was made even more difficult by the limited space available. So they reduced the number of plants to the ones that are most common and typical of Lombardy, but paying special attention to the question of variety by including plants from woodlands, lakes, rivers and the city, as well as a sample of what can be seen when travelling in this transalpine region.

The criteria for the plants' distribution vary according to their specific needs, but the basic intention is clearly educational. Almost 500 species of plant have been planted, following different parameters. In some cases the arrangement is taxonomic, so the conifers are grouped together. Other plants are grouped by use, such as the fruit trees and aromatic plants.

In spite of this, most plants are distributed according to their habitat. The clearest example of this is a delightful pool specially designed for aquatic and marsh plants. The banks and water shelter water lilies of different colours, ferns, lotus flowers, bulrushes and water chestnuts. At the entrance there is a group of plants showing Lombardy's climatic range (from alpine peaks to sunbaked areas where olives are cultivated) by grouping plants from mild climates, such as holm oaks, loquats and cluster pines. There is also a special area dedicated to tropical plants that even if they are not native are well known, such as tea, coffee and cotton.

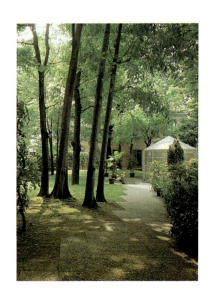

Another of the architects' aims was to show the seasonal changes in the natural environment. Species with strong red autumn colouring

There are some greenhouses along the path.

The pedestrian pathways use tiles set with rounded pebbles.

The arrangement of the plants is influenced by many factors.

The project recreates different conditions, such as the water environment.

The picture shows how close the city surroundings are.

Algunos invernaderos acristalados jalonan el recorrido.

El trazado peatonal está construido con placas de guijarros de río.

Las especies se distribuyen en función de múltiples factores.

El proyecto recrea diferentes biotopos, como el acuático.

La imagen muestra la relación de proximidad con el entorno urbano.

(holm oak, *Liriodendron*, *Liquidambar*) were grouped to form a big patch of colour, while flowering shrubs, such as magnolias are by the tropical plants. This allows the visitor to appreciate nature's cycles, fulfilling the project's educational objectives, which are not limited to the mere display of local plants. The careful choice of plants, the strategic layout and the simplicity of the pathways make this garden an excellent example of how to combine environmental education with landscaping.

En el proyecto analizado en este artículo confluyen dos de los elementos fundamentales del presente volumen: paisajismo y recreación. El primero de ellos está referido a la creación de un espacio en el que la naturaleza y la flora son las auténticas protagonistas. Por su parte, el factor recreativo está subrayado por una voluntad didáctica que convierte este modesto jardín en una de las obras paisajísticas más comprometidas con su entorno natural, social y cultural.

El objetivo funcional es muy claro: transformar un antiguo jardín ochocentista en un espacio que permita al visitante relacionarse con la naturaleza de una manera directa y educativa. Así pues, subyace una intencionalidad de instruir, especialmente a la juventud que, en una ciudad industrial como Sesto San Giovanni, vive de espaldas a su entorno natural y desconoce las excelencias de su flora autóctona.

Para subsanar esta deficiencia, las arquitectas Elena Balsari Berrone y Daniela Volpi propusieron un diseño paisajístico que, respetando la esencia histórica y cultural del lugar, transformara el antiguo jardín en un itinerario didáctico por las especies más representativas de la vegetación vernácula. Todo ello, reforzado por un estratégico esquema distributivo, un trazado peatonal que combina lo racional y lo natural y unos sistemas de indicación que convierten esta obra en un ejemplo a imitar dentro del panorama de la educación ambiental. Por esta razón, el proyecto estuvo presente en el Convegno Nazionale del Soroptimist Club Italiano, celebrado en 1992.

Balsari Berrone, graduada por la Politécnica de Milán en 1945, ha trabajado principalmente como colaboradora de varios estudios profesionales en calidad de experta en la sistematización de zonas verdes. Su ámbito laboral no se limita a ajardinamientos públicos y privados, sino que abarca también áreas industriales y terciarias. Entre sus obras más significativas destacan la adecuación paisajística del rascacielos Pirelli en Milán, de las sedes de IBM en Segrate (Milán, en colaboración con Daniela Volpi) y S. Palomba (Roma) y del Centro Bancario Cavagnari en Parma. No obstante, sus proyectos han traspasado la barrera geográfica italiana y están repartidos por ciudades como Teherán, Montecarlo o Tokio.

Daniela Volpi, licenciada también por la Politécnica de Milán en 1969, trabaja en colaboración con distintas firmas arquitectónicas y ha participado en prestigiosas obras como: la Banca Antoniana de Padua, la CED Borsa de Milán o el Credito Romagnolo en Reggio Emilia. Por lo que respecta a sus actuaciones en zonas verdes, destacan sendos parques urbanos en Cesano Boscone y Rovellasca, y uno privado en Lugano.

No obstante, la trayectoria de ambas autoras confluyó, bajo el nombre de Studio Landscape, en una de las obras más emblemáticas de sus respectivas carreras: el jardín didáctico de Villa Milyus. En realidad, se trata de un proyecto modesto, ya que sus escasos 3.800 m² y su emplazamiento en pleno centro de la ciudad redujeron considerablemente las

The garden is a veritable oasis in the heart of the city.

El jardín es un auténtico oasis en el centro de la ciudad.

Bassa de Sant Oleguer

MBM Arquitectes

Completion date: 1986
Location: District of Sant Oleguer, Sabadell (Spain)
Client/Promoter: Sabadell Council
Collaborators: Josep Ll. Sisternas, Josep Palau i Grau (technical direction), Rafael Panadès, Lluís Taverner (quantity surveyors), PIDEC SA (constructor)

One of the issues that has been least satisfactorily resolved in the modern city is the definition of the identifying features of the urban periphery. This problem can reach critical proportions where rapid population growth accompanies lack of foresight in territorial planning.

Sabadell is now one of the largest urban agglomerations in the industrial belt around Barcelona. In the 1960s its urban fabric expanded quickly and without order in a way that was typical of development in Spain. This disorderly, speculative development resulted in a periphery lacking definition, and the most basic infrastructure and facilities. In many places the city never consolidated and many industrial sites that appeared have, over time, developed into a degraded and obsolete suburban landscape. In 1983, the desire to recover one of these anonymous spaces for the city and convert it into a feature promoting urban cohesion led the new democratic council of Sabadell to commission MBM Arquitectes to design a sports and leisure park in the Bassa de Sant Oleguer, a former industrial site to the north of the city and on the banks of the polluted Ripoll River, whose only attractive feature was a dilapidated running track.

Oriol Bohigas and Josep Martorell's professional association goes back to 1951, when they were both founder members of the Grup R, the first group effort to return to modern architecture in Spain after the

La Bassa as a new identifying feature for the district.

La Bassa como elemento de nueva identidad del barrio.

Civil War. Eleven years later, the Briton David Mackay joined them to form MBM. Their long professional career has been a series of major architectural and town planning projects. The city block on Pallars Street in Barcelona (1959), the Martí l'Humà city blocks in Sabadell (1979) and Mollet (1987), the Maquinista scheme in Barcelona (1988), the buildings of the Ossi-Eduardo Conde apartments in Barcelona (1977-1979), and the more recent ones in Kochstrasse, Berlin (1991-1992), are examples of their continuous investigation of housing. The Escola Thau in Barcelona dates from 1972, and is a complex that, with its careful treatment of external spaces dedicated to sport and leisure, is a forerunner of the Creueta del Coll Park in Barcelona (1987) and the project under discussion. In 1985 MBM undertook the urban definition of the future Barcelona Olympic Village, a key part of the modern definition of the city. They also carried out specific projects, such as the installations of the Olympic Port and the Parc del Litoral. They are currently working on other projects such as the urban development of the Matteotti-La Lizza area next to the historic centre of Sienna (Italy) and the urban development plan for Cardiff Bay (Wales).

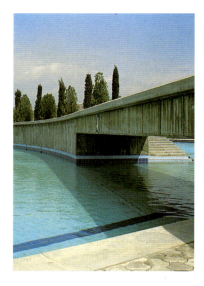

The scheme in La Bassa de Sant Oleguer started by renovating the pre-existing athletics track and integrating it into the project, using its potential to attract a young public that would generate new activities. To ensure this new space became a social and architectural point of reference for the district, the strategy adopted was to create a feature whose use and large scale would favour urban cohesion. This main feature is a large, circular swimming pool, 100 m in diameter and between 60 cm and 1.60 m in depth, similar to the ponds used in agriculture in northwest Catalonia. A powerful feature over the water attracts attention; a concrete route lined with a row of cypresses crosses over the pool and communicates the different sectors of the park. In summer, up to 5,000 swimmers can use La Bassa. In winter, the swimming pool is used as a boating lake or for windsurfing. An island located close to the shore is a stage for open-air festivities and other activities. The swimming pool is surrounded by a "hard beach" paved with concrete slabs containing a drainage system for the excess water. Next to the main access, this perimeter platform is joined to the terrace where there is a lineal building emphasising the scheme's horizontal nature and housing the changing rooms and bar. Next to the swimming pool, there is a large lawn area whose edges are defined by the service building, by the surrounding natural slope and by different groupings of trees intended as picnic areas. The Bassa de Sant Oleguer's features can be perceived in a variety of ways, depending on the position of the observer. In the water, the space is experienced through the motion of the swimmer. When the visitor's eyes are only ten centimetres above the water, the surroundings are reduced to a collection of horizontals restricted to demonstrating the nearness or distance of the different areas. The architecture is deliberately subordinated to the leading role played by the users as a whole. From the lawn, the visitor is a spectator at rest, with the continuous, monumental and unchangeable reference of the large circumference. On foot, from the pedestrian walkways at a relative height over the sheet of water, there is a total change in the relation of scale between person and object. The swimming pool can be measured against the speed the visitor walks at, and is the main

A reinforced concrete route crosses the swimming pool and integrates it into the overall structure of the park.

The steps, the cypresses and the water are classically inspired features in a minimalist relationship.

The horizontal service building marks the access.

The island and the tree-lined route relate the swimming pool to the human scale.

Un recorrido de hormigón armado atraviesa la piscina y la integra a la estructura global del parque.

La escalinata, los cipreses y el agua, tres elementos de inspiración clásica en relación minimalista.

El edificio de servicios, de proporciones horizontales, señala el acceso.

La isla y el camino arbolado ponen en relación la escala de la piscina con la escala humana.

incident in a space that starts in the woods and extends to the athletics tracks.

From a strictly social point of view, the success of the project has not only been shown by the way that the space now plays an important role in the life of the area, but also by the fact that since the opening of the installations to the public, urban vandalism during the school holidays has gone down by 90%.

The swimming pool is surrounded by a "hard beach" paved with concrete blocks.

La piscina se halla bordeada por una playa dura pavimentada de bloques de hormigón.

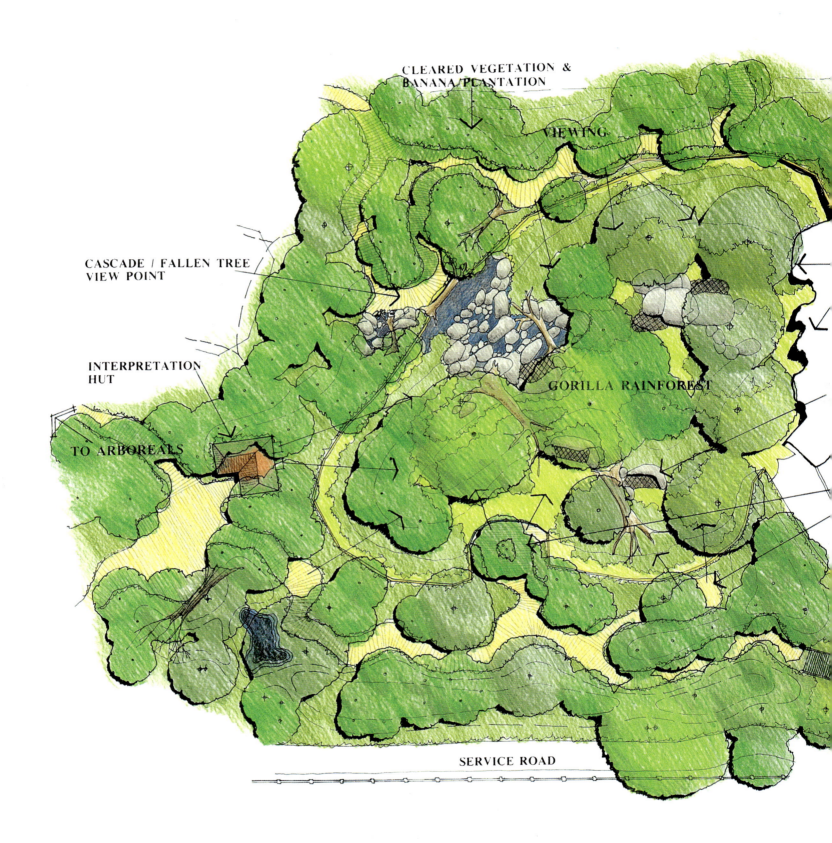

CLEARED VEGETATION &
BANANA PLANTATION

VIEWING

CASCADE / FALLEN TREE
VIEW POINT

INTERPRETATION
HUT

GORILLA RAINFOREST

TO ARBOREALS

SERVICE ROAD

RVICE BUILDING WITH
OCK ROCK FACADE

ROCK REFUGE
ORILLA

VIEWING POINT

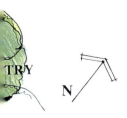

TRY

N

Plan showing position.

Plano de situación.

Gorilla Rainforest
Green & Dale Associates

Completion date: 1990
Location: Victoria, Australia
Client/Promoter: Royal Melbourne Zoological Gardens
Collaborators: Lumsden & Partners (architects); John Arnott (horticulture); Briar Gough, Emery Vincent (signage)

In the late 1980s, the administration of Melbourne Zoo drew up a masterplan to renovate the zoo and convert it into a series of bioclimatic areas in order to immerse the visitor in the habitats of the different animals. This was intended to create an artificial jungle landscape that was a realistic emulation of nature, thus avoiding the distorted behaviour, so common in traditional zoos, that is shown by animals taken from their natural surroundings. This was also intended to create a more visually attractive effect for the visitor. In 1988 the Green & Dale landscaping team was commissioned to create the new habitat for the west African lowland gorillas, which had until then been living in treeless concrete cages, without any natural features and lacking any privacy, leaving them permanently exposed to the prying eyes of the public.

Green & Dale have shown their talent in their landscapes for many parks, zoos and botanical gardens. They mostly work in Australia, where they have worked on landscape plans, urban plans and environmental studies. Their main projects include the Japanese Gardens in the Melbourne Zoo, the National Horticulture Centre, the plan for Gardiners Creek Valley and the plan for the restoration of the historic Como Park and the Yarra River in Victoria.

In their design for the Gorilla Rainforest, the Green & Dale team combined an innovative design with research into the habitat and natural environment of the west African lowland gorilla. Only the concrete moat walls around the old cages were retained. The paving was removed, as it was totally inadequate for the planting that was proposed, and replaced by 2,000 m³ of weathered basaltic loam.

In western Africa hillsides are an important habitat where the gorillas carry out important social activities such as foraging, sunning, and play. They take to higher ground to enhance a threat stance and rush down to frighten their adversary. They often station themselves on higher ground to survey their domain. Green & Dale's design creates the illusion of a hillside over the area's 1,600 m², allowing these primates to enjoy a panoramic view of the Melbourne skyline. The solution adopted offers the visitor the opportunity to experience the sensation of walking through the heavily vegetated African rainforest. The gorillas and the visitors can see each other in several specially designed observation areas.

An extensive drainage system was installed, together with a new topsoil mix capable of withstanding the compaction caused when these animals, which may reach 160 kg, walk on the soil. Many of the deciduous trees already present have been kept, assimilating them into the new rainforest.

A major hillside feature is the cascade springing from the rocks, and mock rock embankments providing shelter and privacy for the gorillas. The existing service building is concealed by mock rock complete with mock moss and climbing plants specially chosen to inhibit the gorillas' powerful instinct to escape. This desire for realistic simulation of nature called for the use of unusual landscaping techniques, abandoning traditional gardening systems in favour of wild and abundant plant growth. The gardeners' task, rather than taming the plantings, was to encourage it to become a rampant, impenetrable jungle. The selection of plants was difficult, as few plants that grow in the gorilla's natural environment can be obtained in Australia, and most of them do not adapt to Melbourne's climate and soil.

The aim was to use the maximum number of African species in the park, although many others had to be imported from other areas. The most extensively used plants include the Moreton Bay Fig tree, the camphor laurel, the Kaffir plum, *Sparmannia africana*, *Hedychium gardnerianum*, species of *Musa* (banana) and s. A wide range of herbs were also planted to provide forage for the gorillas and to help maintain soil structure. More than one hundred species were planted in Gorilla Rainforest.

An overriding criterion in the design was to create an environment where the gorillas had the opportunity to withdraw to a more private space, and also to give them a certain sense of superiority over the public, from a dominant position that was intended to restore the gorillas' inherent dignity and give them a sense of "freedom". The entrance to the exhibit is across a rough-hewn wooden bridge and, together with the vegetation, this creates a typical African scene. From here, the public must follow winding paths at different levels, peer through the foliage and wait patiently to see a gorilla. The edges of these viewing areas are mock rock eroded river banks, and show similarities to the enclosure. The design sought to avoid sight of other observation areas, of buildings and of the perimeter moat, concentrating all the visitor's attention onto the jungle, where occasionally a gorilla appears, playing or looking for food.

Interpretative features were introduced into the park to increase its interest and try to make the visits more participative. There is a hut on

the main pathway housing a show on the work of early gorilla researchers, such as Diane Fossey. There is also a cleared area among the lush vegetation, to show the importance of conserving the rainforest environment, under threat from clearance for agriculture and settlement. A small vegetable plot shows the economy practised by subsistence farmers in lowland forests. The Gorilla Rainforest has been a great success with the public and is also an adequate habitat for the primates, giving them a rich and diverse environment where they can freely develop their behavioural patterns and way of life.

A finales de los años ochenta, los responsables del parque zoológico de Melbourne elaboraron un plan de renovación del zoo encaminado a convertirlo en un conjunto de áreas bioclimáticas que lograran que el visitante se sintiera inmerso en el hábitat de cada uno de los distintos animales. Se crearía así un paisaje salvaje artificial de corte realista y naturalista evitando el comportamiento anómalo de los animales fuera de su entorno, que se suele producir en los zoológicos tradicionales. Ello repercutiría también en un mayor atractivo visual de cara al visitante. En 1988 el equipo de paisajistas Green & Dale recibieron el encargo de crear un nuevo hábitat para el gorila de las llanuras del África occidental, que hasta entonces vivía en jaulas de hormigón, sin árboles ni elementos naturales, y expuesto de forma permanente a la mirada del visitante, sin privacidad alguna.

La firma Green & Dale ha demostrado ya su talento en el tratamiento del paisaje en numerosos parques, zoos y jardines botánicos. Su campo de actuación es básicamente Australia, donde han trabajado en planes de paisaje, planes urbanos y estudios ambientales. Entre sus principales obras se pueden destacar los Jardines Japoneses del Zoo de Melbourne así como el Centro Nacional de Horticultura, el plan de Gardiners Creek Valley y el plan para el histórico Como Park en Victoria.

En el proyecto del Gorilla Rainforest, el equipo Green & Dale combina un diseño innovador con la investigación sobre los hábitos y el medio natural de los gorilas africanos. De sus antiguas jaulas se conser-

The paths are edged by thick vegetation.

The plantings used large numbers of African species.

The gorilla precinct is a hill, similar to the ones in the natural habitat.

Entrance to the gorilla precinct.

On the main path, there is a hut showing the work of the early gorilla researchers.

Los caminos están bordeados de una densa vegetación.

Para el ajardinamiento se utilizaron gran cantidad de especies africanas.

Para el recinto destinado a los gorilas se simuló una colina similar a las de su hábitat natural.

Entrada al recinto de los gorilas.

En el camino principal, una cabaña muestra las investigaciones de los primeros especialistas del mundo de los primates.

varon solamente las paredes de hormigón del foso. Se eliminó el pavimento, pues era totalmente inadecuado para la plantación que se proponía; introduciendo en su lugar 2.000 m³ de tierra basáltica.

En el África occidental las colinas constituyen un hábitat importante donde los gorilas desarrollan actividades sociales básicas como comer, tomar el sol o jugar. Se encaraman al cerro más alto para ocupar una posición amenazadora y bajar rápidamente para atemorizar así a su adversario; a menudo permanecen durante horas en la parte más elevada para controlar mejor su territorio. El proyecto de Green y Dale recrea la imagen de una colina elevada por encima de los 1.600 m² del sector, lo que permite a los simios disfrutar de una buena panorámica de la ciudad de Melbourne. La solución adoptada ofrece al visitante la posibilidad de experimentar la sensación de caminar por la frondosa selva africana, entre arbustos y matorrales. Los gorilas y los visitantes pueden verse mutuamente desde varias áreas de observación destinadas a este efecto.

Se introdujo en el parque un sistema de drenaje extensivo combinado con una mezcla de tierras adecuada para poder resistir la presión sobre el suelo que ejercen estos animales, que pueden llegar a los 160 Kg de peso. Se han conservado, asimismo, buena parte de los árboles de hoja caduca existentes, integrándolos en la nueva masa arbórea selvática.

En la colina destaca una cascada aflorando de entre las rocas, así como un falso terraplén de piedras que sirve a los gorilas como refugio y como espacio privado. El edificio de servicios existente queda camuflado por una peña cubierta de musgo artificial y plantas trepadoras especialmente estudiada para inhibir el instinto de fuga de los gorilas. Este método de simulación realista requirió la puesta en práctica de técnicas paisajísticas inusuales, en las que los sistemas tradicionales de jardinería tuvieron que ser abandonados para propiciar un crecimiento vegetal abundante y salvaje. La labor de los jardineros consistió, más que en controlar la plantación de cada una de las especies vegetales, en comprobar que realmente el aspecto fuera el de una jungla exuberante e impenetrable. La selección de las especies vegetales fue una tarea ardua, puesto que muy pocas de las plantas del hábitat de los gorilas se consiguen fácilmente en Australia, y la mayor parte de ellas no se adaptan al clima y al suelo de Melbourne.

Así, se intentaron incluir en el parque el mayor número posible de especies africanas, aunque muchas tuvieron que importarse de otras tierras. Entre las plantas más utilizadas se pueden citar la *Moreton Bay Fig Tree*, la *Camphor Laurel*, la *Kaffir Plum*, la *Sparmannia africana*, la *Hedychium gardnerianum*, bananos y la *Asparagus sprengeri*. Se plantó también una gran variedad de hierbas para proporcionar forrajes a los gorilas y, al mismo tiempo, ayudar a mantener la estructura del suelo. En total se recurrió en Gorilla Rainforest a más de cien especies vegetales.

Un criterio preponderante en el diseño del parque fue el de crear un entorno natural donde los gorilas tuvieran la posibilidad de retirarse a un ámbito más privado, así como dotarles de un cierto sentido de superioridad –respecto al visitante– desde una posición de dominio que les restituyera su dignidad y les proporcionara a la vez una sensación de relativa libertad. La entrada al parque tiene lugar a través de un tosco puente de madera tallada que, con la vegetación, reproduce una estampa típicamente africana. A partir de ahí, el visitante debe sortear varios senderos a distintos niveles, acechar entre el follaje y esperar paciente-

Throughout the Gorilla Rainforest the animals enjoy a relative freedom of movement.

The intention was to reproduce the gorillas' natural African habitat down to the smallest detail.

En toda el área de Gorilla Rainforest los animales gozan de una relativa libertad de movimientos.

El hábitat natural africano se intentó reproducir hasta en los más mínimos detalles.

mente la visión del gorila. Los límites de estas áreas de observación están formados rocas artificiales parecidas a las de las vallas de cerramiento. Se procuró impedir las visuales entre las distintas zonas de observación, de los edificios próximos o del foso perimetral, concentrando toda la atención del visitante en una jungla donde ocasionalmente aparece un gorila jugando o buscando comida.

Se introdujeron en el parque elementos de información al público con la finalidad de aumentar el interés e incentivar la participación en las visitas. Así, se construyó una cabaña en el camino principal que muestra en su interior el trabajo de los primeros investigadores de los gorilas, como Diane Fossey. Se incluyó además un área despoblada entre las malezas a fin de mostrar por contraste el valor de la conservación del hábitat selvático, hoy amenazado por el avance de la agricultura y los nuevos asentamientos. Una parcela con cultivo de vegetales muestra la economía de subsistencia practicada por los granjeros en los bosques africanos. El Gorilla Rainforest ha tenido un éxito considerabe de público y ha resultado ser también muy adecuado como hábitat para los primates, proporcionándoles un ambiente rico y diverso donde desarrollar libremente sus hábitos de conducta y sus modos de vida.

182

Elevation showing the slightly raised precinct.

The visitors must wait patiently for the gorillas to appear.

Gorilla Rainforest is an excellent simulation of these primates' jungle environment.

Alzado en el que se muestra el recinto ligeramente elevado.

Los visitantes deben esperar pacientemente la aparición de los gorilas.

En Gorilla Rainforest se ha simulado perfectamente el entorno selvático de los primates.

184

Night Safari
Consultants Incorporated Architects and Planners

Completion date: 1994
Location: Mandai, Singapore (Singapore)
Client/Promoter: Singapore Zoological Gardens
Collaborators: Lyn de Alwis (Main zoological advisor)

As in any project of this scope, it is almost impossible to list all the collaborating bodies and companies that have made possible this milestone in zoological garden design. The inauguration in Singapore of the first park themed on the nocturnal life of wild animals is a major achievement of contemporary recreational tendencies. The Singapore Zoological Garden's desire to combine entertainment and education in this new feature makes a trip through the installations of the Night Safari a fascinating voyage to discover a little-known aspect of animal behaviour, their nocturnal activities.

With a budget of 60 million dollars and an area of 40 ha, the Night Safari has become of the main attractions of a zoo that is characterised by its range of high-quality attractions. Only half an hour away from the centre of the city, the new installations allow the public to observe the nocturnal activities of more than 1,000 animal species, within a faithfully recreated natural habitat with a diffuse illumination, based on artificial moonlight.

The complexity of a project of these characteristics was resolved thanks to the fusion of the talents of several professional teams, the most outstanding of which was Consultants Incorporated Architects and Planners. This company was founded in 1982 by John Chou and Edwin Chan, who was senior partner until his death in August 1994. After acquiring experience in several architectural studios, his talent

The diffuse, shaded illumination is one of the park's main attractions.

La iluminación difusa y tamizada es uno de los principales atractivos del parque.

185

blossomed at Chan Kui Chuan Architects and Engineers, where he was for more than two decades responsible for designing and supervising some of the most important creative projects in southeast Asia.

Together with Chan, another outstanding architect is May Chan Pau Mei (1963), who, in spite of his youth, has been one of the leading figures in the first phase of Singapore's Night Safari. Since he joined the company in 1988 he has been in charge of projects dealing with zoology, especially projects for Singapore Zoological Gardens, where he has designed installations such as the Primate Kingdom and the Children's World. It is also necessary to mention the decisive contribution of professionals such as Lyn de Alwis, advisor on zoology, and the specialised teams dealing with lighting, vegetation and horticulture.

Located next to the zoo precinct, the Night Safari occupies 40 ha in the Mandai area, characterised by their impressive, secondary tropical forest with some areas of primary forest. The site is almost entirely surrounded by the Upper Seletar Reservoir, one of the main water storage facilities in this part of Singapore. The main conditioning factors affecting the planning were topographical factors, such as the gently rolling terrain, and conservation of the natural environment.

The arrangement of the installations and the layout of the routes were influenced by the natural division of the site by a stretch of water forming part of the Upper Seletar Reservoir. So, the first phase of the scheme affected the eastern sector of the precinct, while the nine hectares of the western sector are awaiting future completion. The entrance to the park serves as a union between the two sectors, also joined by one of the site's main attractions, the Forest Giant Trail, a purely botanical feature with massive trees and a hanging bridge for pedestrians, symbolically relating east and west.

One of the most outstanding points of the scheme is the arrangement of the circulation. The route through the interior of the park was conceived from two different but complementary perspectives; one tram route and several pedestrian ones. The tram, with a capacity of 72 visitors, follows a route 3.4 km long and crosses through all the natural habitats, distributed in eight geographical theme areas (such as the foothills of the Himalayas, the valleys of Nepal, and the jungles of Africa and southeast Asia). The pedestrian circuit, with its nerve centre at East Lodge, is based on three secondary routes that allow people to watch, from a different perspective, installations such as the leopard house and the gigantic trees.

The formal design centred on three basic aspects. First, the construction of public buildings and spaces, with simple, open structures, adapted to the tropical climate but avoiding the trap of ethnic localism. Second, the strategic use of artificial lighting to dramatise the transition between the exhibition areas, with a scenographic design concept based on natural features (vegetation) and artificial ones (gunite and rocks made of fiber glass reinforced with cement). The third is the calculated development of infrastructure to avoid pollution and ensure drainage of runoff from tropical storms.

Although the star of the park is the nocturnal fauna, those responsible for the project have put great emphasis on the vegetation, making it the co-star. The rich variety of trees present (*Eugenia, Garcinia, Calophyllum Rhodamnis, Campnosperma* and genera from a total of 36 different fami-

lies) includes two areas of special interest; an area of dipterocarps and an area of *Oncosperma* palms. The scheme has only affected 12% of this vegetation, and this was done to recreate as faithfully as possibly the habitat of the different animals. To compensate for this, about 900 trees will be planted, finishing in 1996. The rarity of some of these species has attracted scientists from all over the world, with outstanding specimens of *Aquilaria* and the tree that produces "chewing-gum". The presence of the vegetation is not reduced to a mere static setting to recreate natural spaces, but becomes one of the basic support of this unusual project.

The vegetation plays a clear leading role.

The pedestrian routes and signing.

La vegetación adquiere un destacado papel protagonista.

Trazado peatonal y señalizaciones.

Como en cualquier proyecto de esta envergadura, resulta prácticamente imposible enumerar la extensa relación de empresas y entidades colaboradoras que han hecho posible alcanzar este nuevo hito en el ámbito de las instalaciones zoológicas. La inauguración en Singapur del primer parque temático sobre la vida nocturna de los animales salvajes constituye uno de los momentos culminantes de las tendencias recreativas contemporáneas. Con una voluntad que combina lo didáctico y lo lúdico, la nueva propuesta del Singapore Zoological Gardens convierte el trayecto por las instalaciones del Night Safari en un apasionante viaje hacia uno de los aspectos más desconocidos del comportamiento animal: su actividad nocturna.

Con un presupuesto que sobrepasa los 60 millones de dólares y una extensión de 40 Ha, el Night Safari se ha convertido en una de las principales atracciones de un zoológico caracterizado por la variedad y calidad de su oferta. A sólo media hora del centro de la ciudad, las nuevas instalaciones permiten disfrutar con la contemplación de la vida nocturna de unas 1.000 especies animales, dentro de un hábitat natural recreado fielmente e iluminado de forma difusa por una suave luz lunar de factura artificial.

La complejidad de un proyecto de estas características se ha resuelto gracias a la conjunción del talento de varios equipos profesionales, entre los que cabe destacar el trabajo de la firma Consultants Incorporated Architects and Planners. Fundada en 1982 por John Chou y Edwin Chan, este último ejerció como socio principal hasta su reciente desaparición, en agosto de 1994. Tras adquirir experiencia en diversos estudios arquitectónicos, su talento se forjó especialmente en el Chan Kui Chuan Architects and Engineers, donde durante más de dos décadas fue responsable del diseño y supervisión de algunos de los más importantes proyectos creativos del sudeste asiático.

Junto a Chan, cabe destacar la presencia del arquitecto May Chan Pau Mei (1963), quien, a pesar de su juventud, ha sido uno de los máximos artífices de la primera fase del Night Safari de Singapur. Desde su incorporación a la firma en 1988, ha ejercido como responsable de los proyectos relacionados con la zoología, sobre todo en lo que respecta al Singapore Zoological Gardens, para el que ha diseñado instalaciones como el Primate Kingdom o el Children's World. Asimismo, hay que mencionar la decisiva labor de profesionales como Lyn de Alwis, asesor en materias zoológicas, o de los equipos especializados en cuestiones de iluminación, vegetación y horticultura.

Emplazado de manera adyacente al recinto del zoológico, el Night Safari ocupa unas 40 Ha de la zona de Mandai, caracterizada por su impresionante selva tropical de carácter secundario y por algunas áreas de bosque primario. El lugar está circundado casi en su totalidad por el Upper Seletar Reservoir, uno de los principales centros de abastecimiento de agua de esa zona de Singapur. Los factores topográficos, con suaves ondulaciones del terreno, y la conservación del entorno natural condicionaron en gran medida la planificación del proyecto.

La distribución de las instalaciones y el diseño de los itinerarios se han visto influidos por la división natural del terreno, provocada por la penetración de un brazo de agua del Upper Seletar Reservoir. Así, la primera fase de la actuación comprende el sector oriental del recinto, mientras que las nueve hectáreas de la vertiente occidental aguardan

The architecture is subordinated to the surroundings.

The habitat recreation uses both natural and artificial elements.

The lighting poles stand above the landscape.

One of the leisure installations for the visitors.

La arquitectura se subordina al entorno.

La recreación de hábitats utiliza elementos naturales y artificiales.

Sobre el paisaje resaltan los mástiles de iluminación.

Una de las instalaciones de ocio para los visitantes.

Disney's Caribbean Beach Resort
Edward D. Stone Jr. and Associates (EDSA)

Completion date: 1989
Location: Walt Disney World, Orlando, Florida, USA
Client/Promoter: Disney Development Company
Collaborators: Fugleberg Koch (architects); James S. Craig (project manager)

Just to the south of the Epcot Center, in Orlando, is one of the Disney Corporation's largest hotel complexes. It consists of 33 two-storey buildings, with a total of 2,122 rooms, located around an artificial lake. Each of the buildings is an example of a specific architectural style, and this is shown in their facades, and interior features and ambience. All the styles evoke the feeling, colour and textures of the colonial architecture of the five Caribbean islands of Barbados, Trinidad, Aruba, Jamaica and Martinique.

Edward D. Stone Jr. and Associates is a landscaping company with very strong roots in the south of the United States (Florida, Carolina, Texas), a major professional team and extensive experience in planning and landscape architecture. EDSA has specialised in designs for hotel/resort projects. Their major projects include: the Sheraton Bal Harbour in Florida; Marriott's Harbour Beach in Fort Lauderdale, Florida; Costa Isabela in Puerto Rico; the Sint Maarten centre in the Dutch Antilles; the Carambola Beach Resort in the Virgin Islands; and La Cantera in San Antonio, Texas.

EDSA's extensive interdisciplinary professional team allows it to give an appropriate response to the problems raised by each different commission. Furthermore, their sophisticated work system analyzing vari-

Walkway running along the central lake.

Paseo en la orilla del lago central.

193

ables (client, project, site, budget, end users) in a multi-level analysis leads to a clear, viable and exciting solution. The principal in charge was John W. Miller (AsLA) and the project manager was James S. Craig, a company associate.

The park's general shape is long and thin, to a greater extent in the northern part than the southern. The main entrance is on the northern side from Buena Vista Drive and leads to parking and reception. The entrance to the complex is modelled after a Caribbean palm plantation. Informal groups of palms, azaleas and oleanders follow both sides of the access avenue. The planting seeks to integrate colourful tropical species with the large shade trees that emphasise the site's exotic feel. The entrance area is the starting point for a road running along the park's entire perimeter and giving access to the different sectors that form the complex. Each of these sectors has a circular plaza with central planting, parking, a group of twelve two-storey buildings halfway between the plaza and the lakeside. This is a recreational space with beach areas, marinas, an island, bridges and lakeside walks. The arrangement of these features emulates nature and a picturesque landscaping treatment evokes a tropical landscape with exuberant, exotic touches. The park brings to mind the imaginary landscapes of young people's adventure novels and pirate stories, with secret grottos and hidden treasure in the heart of the jungle. In the park, spaces have been created to strengthen its character, using dense, colourful plantings of climbing plants and using fragmented walls. In other spaces and promenades, there are tropical plants, such as bougainvillea, bananas, and *Roebelinii* palms, as well as large shade trees that allow the visitor to walk through the park – walking, jogging or on a bicycle – in a sequence of sun and shade.

Disney's Caribbean Beach Resort also includes a commercial centre – Old Port Royale – with restaurants, games rooms and a lounge. The centre is themed to resemble a Caribbean port and leads to a lake-side recreation area, with a prominent swimming pool at the base of a colonial-style fortress with other children's play areas, bicycle rental facilities, a pirate island, etc. The southern part of the complex houses a service area, with parking and a maintenance centre. In each sector the buildings are arranged in a cluster, like a bunch of grapes, connected to the access road. All the buildings are two storeys with facades in all directions and hip roofs. Near the buildings there are small spaces among the vegetation providing areas of privacy created within the mass of trees. The landscape and recreational potential of the complex is further strengthened by the wide range of recreational features and different attractions scattered throughout the park, such as the swimming pools, the play islands and the bicycle routes. To sum up, this recreational complex was designed for leisure and relaxation, based on the creation of a new landscape themed on distinctive models imported from a specific geographical area, the landscape of the Caribbean islands. This starting point led to the use of easily recognisable features to create spaces and areas with clearly defined characters.

The architecture of the complex is in a markedly colonial Caribbean style. For example, one park sector features the pinks and blues of the typical Barbados facade. Old Port Royale, a construction resembling a walled fortress, with towers and a semi-spherical vault, is reminiscent of old San Juan de Puerto Rico. In another sector, large red brick buildings with French style ornamental railings imitate the popular architecture of Martinique. This rich mixture of elements and styles means that

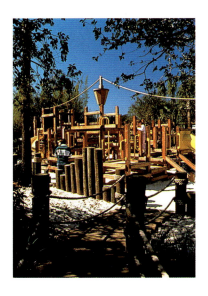

Play area in the park.

Swimming pool at the base of the fortress.

The Barbados sector.

Residential buildings in the Martinique sector.

Woodland near the buildings.

Área de juegos en el interior del parque.

Piscina a los pies de la fortaleza.

Sector de las Barbados.

Edificios residenciales en el sector de la Martinica.

Bosque en las proximidades de los edificios.

Disney's Caribbean Beach Resort is a complex fusing careful organisation of functions and a conscientious transfer of Caribbean architecture. The final result is an interesting resort full of interesting stylistic references.

En Orlando, al sur del Epcot Center, se encuentra uno de los complejos hoteleros más grandes de la compañía Disney. Cuenta con 33 edificios de dos plantas, situados alrededor de un lago artificial formando un conjunto de 2.122 habitaciones. Cada uno de los edificios se caracteriza por un determinado estilo arquitectónico, tanto en sus fachadas como en sus elementos y ambientes interiores. Todos los estilos evocan, sin embargo, el ambiente, el color y las texturas de la arquitectura colonial de cinco islas del Caribe: Barbados, Trinidad, Aruba, Jamaica y la Martinica.

Edward D. Stone Jr. and Associates es una firma de paisajistas de fuerte implantación en el sur de Estados Unidos (Florida, Carolina, Texas), con un importante equipo de profesionales y una amplia experiencia en el campo del planeamiento territorial y el diseño, proyectación y gestión del paisaje. La firma EDSA se ha especializado en los proyectos de complejos recreativos y hoteleros. Entre sus principales realizaciones podemos destacar el puerto Sheraton Bal en Florida, el complejo Marriott's Harbour Beach en Fort Lauderdale, Florida, el complejo Costa Isabela en Puerto Rico, el centro Sint Maarten en las Antillas holandesas, el parque Carambola Beach en las Islas Vírgenes o el conjunto La Cantera en San Antonio, Texas.

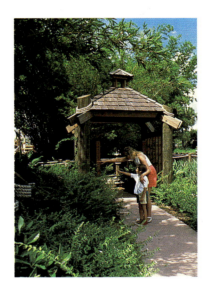

El amplio equipo de profesionales especializados en distintos campos permite al equipo EDSA dar una respuesta ajustada al problema que plantea cada uno de los distintos encargos que asumen. Por otro lado, un sofisticado sistema de trabajo, que maneja distintas variables (cliente, proyecto, lugar, presupuesto, usuarios) en un proceso de distintos niveles de análisis, da como resultado una solución clara, viable y sugerente a la vez. Este proyecto tuvo como principales responsables a John W. Miller de la American Society of Landscape Architects (ASLA) y a James S. Craig, asociado de la compañía.

La planta general del parque es alargada, más en la mitad sur que en la mitad norte. El acceso tiene lugar por el lado norte, donde, desde la avenida Buena Vista Drive se llega al área de recepción y estacionamiento. La entrada al complejo reproduce el modelo de la plantación de palmeras del Caribe. A ambos lados de la avenida de acceso se extienden grupos de palmeras, azaleas y adelfas. Los elementos vegetales buscan la integración del color de las especies tropicales con los grandes árboles de sombra que realzan el ambiente exótico del lugar. Del área de entrada parte una carretera que recorre todo el perímetro del parque y va dando acceso a los distintos sectores en que se divide el complejo. Cada uno de estos sectores tiene una plaza circular con vegetación en el centro, un área de aparcamiento y un conjunto de 12 edificios de dos plantas situados a medio camino entre la plaza y la orilla del lago. Éste es un espacio lúdico y recreativo con zonas de playa, puertos para embarcaciones, una isla, puentes y paseos en la orilla. La disposición de todos estos elementos sigue unas pautas naturalistas y una composición paisajista de corte pintoresquista que evoca un paisaje tropical con algunas dosis de exuberancia y exotismo. En efecto, el parque trae a la memoria los paisajes idealizados de las novelas juveniles de aventu-

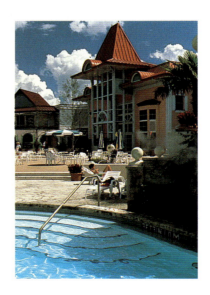

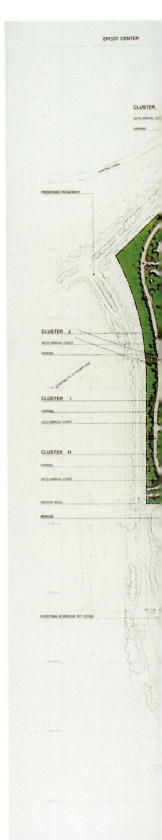

ras y las historias de piratas con grutas secretas y tesoros escondidos en el interior de la selva. En el interior del parque se crea una variedad de espacios que refuerza su carácter mediante el uso de una vegetación densa y colorista de plantas trepadoras y con muros fragmentados. En otros espacios y paseos hay plantas tropicales como la buganvilla, el banano y la palmera *Roebelinii*, así como grandes árboles de sombra que permiten al visitante recorrer el parque –paseando, haciendo jogging o en bicicleta– en una secuencia continua de sol y sombra.

Hay también en Disney's Caribbean Beach un centro comercial –Old Port Royale– que cuenta con restaurantes, tiendas, salas de juegos y sala de estar. El centro recrea la imagen de un puerto del Caribe y da a un parque de atracciones junto al lago, donde destaca una piscina al pie de una fortaleza de carácter colonial junto a otras áreas de juegos para niños, alquiler de bicicletas, una isla pirata..., etc. En la parte sur del complejo se encuentra la zona de servicio, con una explanada de aparcamiento y un almacén de mantenimiento. Dentro de cada sector los edificios se disponen a modo de racimo de uvas, conectados al camino de acceso. Son de dos plantas, fachadas a cuatro vientos y tejados a cuatro aguas. En las proximidades de las edificaciones hay pequeños espacios entre la vegetación que proporcionan ámbitos para la privacidad a modo de recintos obtenidos a partir del vaciado de la masa arbórea. El potencial paisajístico y recreativo del complejo queda reforzado por la variedad de elementos lúdicos y atracciones diversas que jalonan el parque, como las piscinas, la isla de juegos, la gruta oscura y las sendas para bicicletas. En definitiva, se trata de todo un conjunto recreativo pensado para el ocio y el esparcimiento a partir de una operación de creación de un nuevo paisaje, hecho a imagen y semejanza de unos modelos concretos importados de un área geográfica bien definida: el paisaje de las islas del Caribe. A partir de ahí, la intervención juega con elementos claros y fácilmente reconocibles y con ellos crea espacios y ámbitos de un carácter claramente definido.

La arquitectura del complejo tiene un sabor marcadamente colonial y caribeño. Así, en un sector del parque podemos apreciar los colores rosados y azules de las fachadas de las islas Barbados. El Old Port Royale, un edificio de torres con bóveda semiesférica y con carácter de fortaleza amurallada, nos trae a la mente la estampa del viejo San Juan de Puerto Rico. En otro sector, unas edificaciones de grandes tejados rojos y con verjas ornamentales de influencia francesa reproducen la arquitectura popular de la isla Martinica. Toda esta mezcla de elementos y estilos hace de Disney's Caribbean Beach un complejo recreativo en el que, con gran habilidad, se dan la mano una estudiada organización funcional con una sabia transposición de la cultura arquitectónica del Caribe, dando lugar a un conjunto sugerente y rico en referencias estilísticas y formales.

The park's tropical vegetation.　　　　*Vegetación tropical del parque.*

Pedestrian and bicycle path.　　　　*Sendero para paseo y bicicleta.*

View of Old Port Royale.　　　　*Vista de Old Port Royale.*

General ground plan of the complex.　　　　*Planta general del complejo.*

World of Primates in the Philadelphia Zoo
Hanna/Olin

Completion date: 1986
Location: Philadelphia, Pennsylvania, USA
Client/Promoter: Philadelphia Zoo
Collaborators: Christopher Allen (landscape project manager); Trish Fries, William Mueller, Dean Holmes, Maureen Wheatley, Anne James (landscaping project team); Venturi, Rauch and Scott Brown (architects); Keast & Hood Co., Inc. (structural engineers); Vinokur Place Engineering Services (mechanical and electrical engineers)

Although they are better known for their remarkable career in urban and corporate landscaping, Hanna/Olin have also performed schemes in the field of recreational installations, demonstrating the versatile nature of their undeniable talent. One of these, the World of Primates at Philadelphia Zoo, is a highpoint of their brilliant career. It received the American Society of Landscape Architects 1989 Merit Award, confirming Hanna/Olin's ability to fulfil any type of landscaping commission.

In this case they chose a design that tries to reconcile several determining factors. An essential criterion was the faithful reconstruction of the natural habitat of the main beneficiaries, the primates. One functional parameter was that it should allow the visitors to experience and study the primates' behaviour and emotions. The project also sought to minimise the inevitable negative aspects of the animals' captivity, as well as the negative attitude that turns animals into mere attractions.

These were Hanna/Olin's aims and, judging by the improvement of the installations and their success with the public, they have fully suc-

The design recreates the primates' natural environment.

El proyecto recrea el hábitat natural de los primates.

ceeded. Those responsible for this undeniable success are Robert Hanna, Laurie Olin (who both founded the company in 1976) and Dennis C. McGlade who joined in 1984. Their landscaping training includes degrees from prestigious American universities, such as Washington, Harvard, Pennsylvania and Illinois. They have gathered together an excellent professional team to control all the phases of planning, design, planting and maintenance.

Their work has specialised in the landscaping improvement of urban spaces, such as plazas and public parks, educational and cultural establishments and corporate headquarters. Some of their works have been major landmarks in contemporary landscaping: Battery City Park, in New York; the Carnegie Center in Princeton; the headquarters of Codex and Johnson & Johnson; the Long Beach Art Museum; the exterior of the Wexner Center for the Visual Arts at Ohio State University; and Canary Wharf in London.

It is, however, surprising to find that their works include the planning of zoos. And it is even more surprising that their design should be one of the most lucid, brilliant designs for the living space of animals in captivity. To do this, the architects carried out a painstaking analysis of the primates' natural habitats and behaviour patterns. Furthermore, they researched the subject thoroughly by visiting the best zoos in America. This means that the World of Primates combines an optimal ecological function with the educational requirements of a centre of this type.

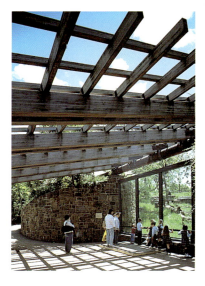

To carry out this project Hanna/Olin had to work with a site that was a gently sloping, linear area occupying 1.1 acres. With respect to its location, the landscapers had to adapt their proposals to two conditioning factors. The first was related to the interdisciplinary nature of the project. Venturi, Rauch and Scott Brown, leading figures in postmodernist architecture, were responsible for designing the installations housing the facilities and services the animals needed. These longitudinal structures were sited next to the zoo's main traffic path (the second factor), and sought to isolate the primates to some extent from the crowds.

After analyzing the conditioning factors related to the site, the Hanna/Olin landscaping team had to design the exterior exhibits and the layout of the circulation for visitors. This was done by creating a route with a variety of viewing experiences. Another requirement was that it should not disturb the animal's tranquillity.

The primates housed in this section of the Philadelphia Zoo include gorillas, orang-utans, gibbons, monkeys and lemurs. Although they are all related, each requires a specific habitat to live in. The vegetation plays an important role in achieving this; the plantings vary according to the characteristics of these plantigrade mammals, some terrestrial and others arboreal. Also taken into account was the role played by vegetation in the development of the animals' locomotor abilities and in their social behaviour. The vegetation is not intended to be a source of food, but a support to help to improve their quality of life.

The relief and the naturalistic environment also had to be adjusted to the characteristics of the animals' original habitats. So this area of the zoo includes animals other than primates, to help them to adapt to captivity. Great importance is also attached to natural light, arrangement into different but complementary areas, and carefully selected plantings. The scheme's success is shown by the 20% increase in visitors and the fact that they spend more time watching these fascinating animals.

Aunque más reconocida por su extraordinaria trayectoria en el ámbito del paisajismo urbanístico y corporativo, la empresa creativa Hanna/Olin ha realizado puntuales incursiones en el campo de las instalaciones recreativas, que han cimentado la versatilidad de su innegable talento. Una de estas intervenciones, la sección destinada a los primates para el zoológico de Filadelfia, representa una de las cimas de su brillante carrera: el Merit Award concedido en 1989 por la American Society of Landscape Architects supone la confirmación de que la firma Hanna/Olin puede llevar a buen puerto cualquier tipo de proyecto relacionado con el ámbito paisajístico.

En el presente caso, la firma creativa ha apostado por un diseño que intenta conciliar varios factores determinantes: como criterio esencial, la reconstrucción fidedigna de un hábitat que recree el escenario natural en el que viven los principales beneficiarios de la actuación, los primates; como parámetro funcional, la posibilidad de que los visitantes disfruten y conozcan los comportamientos y costumbres de estos animales. Asimismo, la intervención pretende minimizar los condicionamientos negativos referentes a la inevitable cautividad y al tópico que concede a las especies la categoría peyorativa de atracción.

Éstos fueron los objetivos perseguidos por la firma Hanna/Olin y, a tenor de la mejora cualitativa de las instalaciones y del gran éxito obtenido entre el público, han acertado plenamente. Sin lugar a dudas, los responsables más directos de este indiscutible triunfo son Robert Hanna, Laurie Olin —cofundadores de la empresa en 1976— y Dennis C. McGlade, que se unió a la cúpula directiva en 1984. La sólida formación paisajística de estos tres autores está respaldada por los títulos obtenidos en las más prestigiosas universidades estadounidenses, como Washington, Harvard, Pensilvania o Illinois. Además, se han sabido rodear de un equipo de magníficos profesionales que controla todas las fases de planificación, diseño, plantación y mantenimiento.

Su ámbito laboral se ha especializado fundamentalmente en la adecuación paisajística de espacios urbanos, como plazas y parques públicos, instituciones culturales o educativas y sedes corporativas. Algunas de sus obras forman parte de la historia reciente del paisajismo: el Battery City Park de Nueva York; el Carnegie Center de Princeton; las sedes de Johnson & Johnson y Codex; el Museo de Arte de Long Beach; el exterior del Wexner Center for the Visual Arts de la Universidad estatal de Ohio; y el Canary Wharf londinense.

Arch leading to the World of Primates.

The route creates many different views.

The trees provide some of the primates' food and also help to develop their locomotor abilities.

The circulation route includes many observation points.

Espacio apergolado que da acceso al World of Primates.

El itinerario ofrece múltiples perspectivas visuales.

La vegetación arbórea contribuye a la alimentación y al desarrollo locomotor de los primates.

El trazado circulatorio presenta numerosos puestos de observación.

Pero, como ya se ha mencionado, en su larga carrera sorprende encontrar una obra directamente relacionada con la planificación de zoológicos. Y aún es más sorprendente que su incursión constituya uno de los ejemplos más lúcidos y brillantes del diseño de espacios vitales para animales en cautividad. Para lograrlo, los autores realizaron un concienzudo análisis de los hábitats naturales y de los modelos de comportamiento de estos primates. Además, se documentaron exhaustivamente viajando por los mejores zoológicos de América. Todo ello ha contribuido a que el World of Primates conjugue a la perfección un óptimo funcionamiento ecológico con las necesidades educativas que debe tener un centro de estas características.

Para llevar a cabo este proyecto, Hanna/Olin dispuso de una superficie de terreno lineal, perfilada por suaves pendientes orográficas, que ocupaba una extensión de más de 4.000 m². Por lo que respecta al emplazamiento, los paisajistas tuvieron que adecuar sus propuestas a dos condicionantes. El primero está referido al carácter multidisciplinar del proyecto. Venturi, Rauch & Scott Brown, figuras indispensables para conocer el posmodernismo arquitectónico, fueron los encargados de diseñar las instalaciones constructivas que acogieran los equipamientos y servicios necesarios para el mantenimiento de los animales. Estos volúmenes de carácter longitudinal se situaron junto a la principal arteria circulatoria del zoológico (segundo factor de influencia), con lo que se procuraba un cierto aislamiento de los primates respecto a la afluencia de público.

Una vez analizados los condicionamientos de emplazamiento, el papel de los paisajistas de Hanna/Olin se centró en la adecuación de los espacios exteriores y el diseño del trazado circulatorio para los visitantes. Con respecto a este último, se planteó la creación de un itinerario que se viera enriquecido por una variada multiplicidad de perspectivas visuales. Asimismo, se exigió como requisito esencial que no se perturbara la tranquilidad de los animales.

Entre los primates presentes en este sector del zoológico de Filadelfia destacan los siguientes: gorilas, orangutanes, gibones, monos y lemures. A pesar de sus similitudes de parentesco, cada una de estas especies necesita un hábitat específico para su pervivencia. En este sentido, la vegetación juega un papel muy importante: la selección varía según las características de estos mamíferos plantígrados, cuya natura-

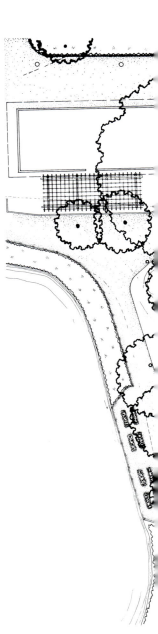

Detail of one of the pathways.

General plan of the World of Primates.

Detalle de una de las vías peatonales.

Planta general del World of Primates.

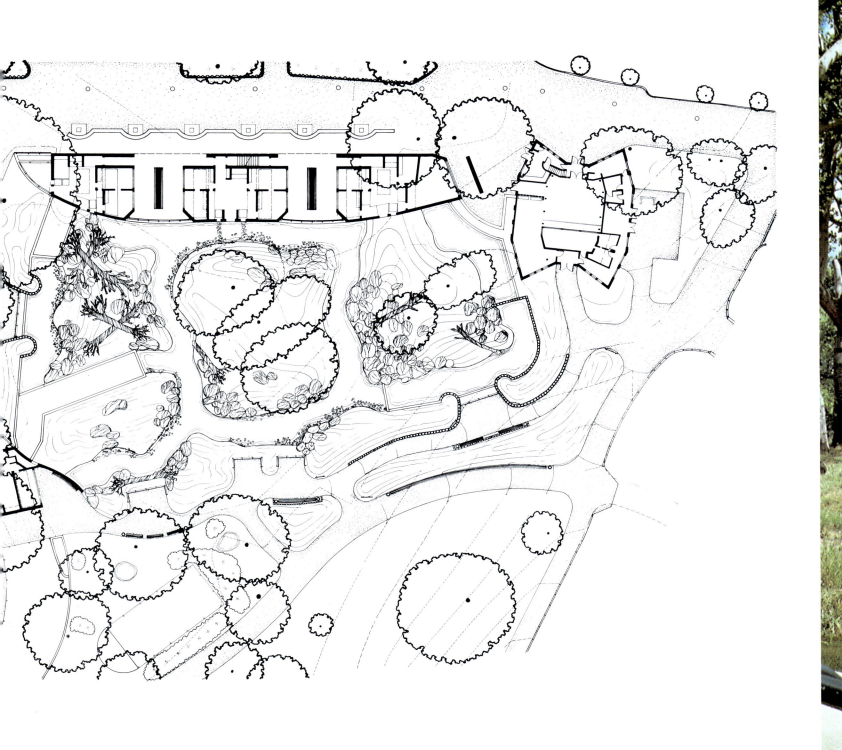

203

leza es en algunos casos terrestre y en otros arbórea. Además, se ha tenido en cuenta el papel que la flora juega tanto en el desarrollo locomotor de los animales como en sus comportamientos sociales. De esta manera, la vegetación no se contempla como una mera fuente de alimento, sino como un soporte contextual que contribuya a mejorar su calidad de vida.

La topografía y la ambientación natural también han tenido que acomodarse a las características de los espacios oriundos. Por esta razón, en este sector del zoológico se pueden encontrar otra especies animales distintas a los primates, lo que favorece su adaptación a la vida en cautividad. También contribuyen a ello la importancia concedida a la luz natural, la distribución en áreas distintivas pero complementarias y la esmerada selección vegetal. El éxito de la intervención se ha traducido en un aumento del 20% de visitantes y en el hecho de que éstos invierten más tiempo en la contemplación de estos fascinantes animales.

The public enjoys excellent views.

Cross-sections.

El público puede disfrutar de inmejorables vistas.

Secciones transversales.

D-D

C-C

B-B

A-A

205

Walk-through Aviary at Munich Zoo

Jörg Gribl

Completion date: 1980
Location: Münchner Tierpark Hellabrunn, Munich, Germany
Client/Promoter: Arnd Wünschmann (Director of Münchner Tierpark AG)
Collaborators: Prof. E. Happold with Michael Dickson and Schweisstechn. Versuchanstalt Deutscher Verband für Schweisstechnik (engineers); Stromeyer & Co. (construction)

Jörg Gribl was born on August 22, 1941 in the German city of Munich. After studying architecture and landscape design, and collaborating in several studios, he formed his own company in 1973. He has participated in many projects, including the conceptual development and later planning of the modernisation and extension of Munich's historic zoo (Hellabrunn). This led to Gribl's participation in the design of the San Diego zoo in 1982, and invitations to participate in the design of a zoo and a series of botanical gardens in Hong Kong, as well as the creation of a marine park in the British colony.

The main reason for the great success of the refurbishment and extension of the Munich zoo is the unusual aviary built on the large site. The desire to harmonise the construction with its surroundings determined the subtle lines of its design, its biomorphism and its strategic location. Analysis of these and other aspects reveals the true essence of Jörg Gribl's acclaimed creation.

Given that the large size of the park – 37 ha – implies the combination of different habitats, the German architect and landscaper chose to locate the aviary in the centre of the zoo, in an area, approximately 100 x 50 m, with a stream running through it. He considered that this area

General view of the aviary designed by Jörg Gribl.

Vista general de la pajarera diseñada por Jörg Gribl.

had all the environmental conditions necessary for the birds to live there. The choice of this area also was determined by its relationship to the surrounding countryside; the erection of a framework on the site did not ruin it, as the unusual relief of the land and the framework's delicate metallic structure seem to fuse.

In fact, even during its design, Gribl had to face up to the challenge involved in constructing an appropriate space that both preserved the surroundings and the birds, some of which are quite large. At the same time, the desire to create a space that did not conform to the standard design of an aviary, and the sensation of claustrophobia these often transmit, meant the architect adopted a shape, a huge spider's web, that is quite unlike a box.

If the aviary's shape is unusual, its highly innovative structure is even more so. It is based on the aviary mesh assuming all the static loads on the construction, transmitting wind and snow loads to the masts and to the external foundations. So each of the wires, either individually or as a mesh, must be capable of supporting the corresponding part of the total load.

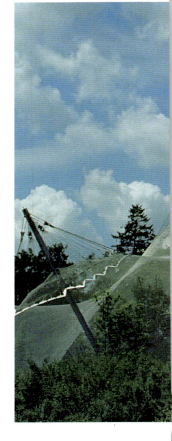

Bearing in mind that snowfalls in this region of Germany – in the foothills of the Alps – are frequent and abundant, a mesh size of 60 x 60 mm was chosen. The size of each quadrilateral reduces the load that each one must bear, especially if we consider that in the Munich area, in general, structures are designed to support a snow load of 90 kp/m^2.

The construction of the metal framework was preceded by pouring the reinforced concrete for the foundations and for the 300-m-long guying base course. A single net of over 6,400 m^2 was welded from corrugated mesh rolls 2.50 m wide and 40 m long. To do this it was necessary to bring the rolls together exactly and butt weld the end of the 3.25 mm stainless steel cables to each other. The more than 50,000 solders resulted in a net with a mesh width of 60 x 60 mm.

The ten steel masts (with a maximum height of 22 m) were provisionally erected using guying cables. The surface consists of innumerable rhombuses, as a consequence of the stresses.

Jörg Gribl's commission was not restricted to the architecture but also included the landscaping. As the metallic framework was being erected, the area around the aviary was levelled using reinforced concrete, with an iron and steel framework to absorb tensile stresses from the embedded net. The changes to the terrain also include the creation of a 0.50-m depression near the centre of the aviary. The architect seems to be trying to draw the visitor's attention to the centre of the structure and emphasise the points – slightly higher than the centre of the aviary – where the svelte masts bearing the guys are sited.

The coexistence of limiting and retaining walls designed by Gribl with other natural barriers can be considered an example of how the division between the natural and the artificial articulates the entire intervention. The clearest example of the best use of natural resources is the stream running across the aviary that separates the people from the birds. The aesthetic impact of the stream is increased by the highly varied flora planted in its bed. In addition to their inherent delight, these provide food for some of the birds and a place where they can mate, nest and raise their chicks.

The height of the aviary means the birds can fly inside it.

The masts supporting the guys are used by some birds as nesting sites.

The harmony of the metallic construction with the surroundings is clearly shown in this photo.

The aviary consists of a combination of different metallic textures.

La altura de la pajarera permite que las aves vuelen entre sus límites.

Sobre los mástiles que sustentan los vientos algunas aves han encontrado su zona de nidificación.

La armonía de la construcción metálica con el entorno se pone de manifiesto en esta fotografía.

La pajarera está constituida por la combinación de diferentes texturas metálicas.

Jörg Gribl nace el 22 de agosto de 1941 en la ciudad alemana de Múnich. Una vez finalizados sus estudios de arquitectura y diseño paisajístico, y tras colaborar en diversos despachos, crea su propia firma en el año 1973. Desde ella participa en numerosos proyectos, entre los que destaca el desarrollo conceptual y posterior planificación para la modernización y ampliación del histórico parque zoológico de Múnich (Hellabrunn). La estela de este trabajo explica la actuación de Gribl en la proyección del zoo de San Diego en 1982 y las invitaciones a participar en el diseño de un parque zoológico y de una serie de jardines botánicos en Hong Kong, así como en la creación de un parque marino en esta colonia británica.

La razón primera del fulgurante éxito de la remodelación y extensión del parque zoológico de Múnich radica básicamente en la original pajarera que se alza entre los límites de este extenso recinto. El deseo de armonizar la construcción con el entorno determina el trazo sutil de su diseño, su biomorfismo y su estratégica ubicación. El análisis de estos aspectos y de otros desvela la verdadera esencia de esta célebre creación de Jörg Gribl.

Dado que las dilatadas dimensiones del parque –37 Ha– implican la conjunción de diversos biotopos, el arquitecto y paisajista germano opta por ubicar la pajarera en una zona central del mismo, de aproximadamente 100 x 50 m, por la que discurre un arroyo, al considerar que ésta reúne las condiciones ambientales adecuadas para que en ella se desarrolle la vida de las aves. La elección de esta área, asimismo, también viene determinada por su relación con respecto al paisaje circundante: la instalación de un armazón sobre su superficie no lo desvirtúa, debido a que la peculiar orografía del terreno y la ligera composición metálica de dicho armazón parecen fundirse.

En efecto, ya en la concepción de la obra, Gribl se enfrenta al reto que supone construir un espacio apropiado en el que al mismo tiempo se preserve el entorno y las aves, algunas de ellas de un tamaño considerable. Paralelamente, la voluntad de crear un espacio que se aleje de las directrices que dictan el diseño de las pajareras y, por ende, de la sensación claustrofóbica que por lo común éstas transmiten hace que el arquitecto se decante por una morfología que, a todas luces, dista mucho de asemejarse a una caja: una gigantesca telaraña.

Si la configuración formal de la pajarera es peculiar, no lo es menos su estructura, plenamente innovadora. Ésta se basa en que la rejilla de la pajarera asuma todas las funciones relacionadas con la estática de la construcción, de modo que transmita las cargas del viento y de la nieve a los mástiles o a la cimentación exterior. De ello se deduce que cada

A stream serves as a natural barrier between the people and the birds.

Paths lead the visitors through the interior of the aviary.

Una arroyo actua como barrera natural entre las personas y las aves.

Los senderos conducen a los visitantes por el interior del recinto de las aves.

uno de los alambres, individualmente o conformando una malla, debe ser capaz de soportar la parte que le corresponde de la carga global.

Partiendo de este objetivo y teniendo en cuenta que las precipitaciones de nieve en esta región alemana —en las estribaciones de los Alpes— son frecuentes y abundantes, se diseñan mallas de 60 x 60 mm. La medida de cada cuadrilátero reduce la carga que debería soportar cada uno de ellos, sobre todo si se considera que en la zona las estructuras, por regla general, están diseñadas para sustentar una carga de nieve de 90 kp/m^2.

El levantamiento de este armazón metálico viene precedido por el vertido de hormigón armado en los cimientos y en la base de los vientos que alcanzan una longitud de 300 m. Asimismo, una malla de alrededor de 6.400 m^2 se formó con piezas de alambre ondulado de 2,50 m de ancho y 40 m de longitud. Para llevar a cabo esta operación fue necesario mantener los rollos totalmente unidos y los extremos de los cables de acero inoxidable de 3,25 mm soldados entre sí. El resultado de esta operación, como se ha apuntado más arriba, es una red con mallas cuadradas de 60 x 60 mm y más de 50.000 puntos de soldadura.

Por otra parte, los diez mástiles de acero (que alcanzan una altura máxima de 22 m) se fijan provisionalmente mediante vientos que hacen posible la erección de la estructura, que presenta una superficie en la que se dibujan innumerables rombos.

La labor de Jörg Gribl, sin embargo, no sólo se ciñe a la arquitectura sino también al paisaje. De este modo, paralelamente al levantamiento del armazón metálico, se procede a nivelar la superficie que circunda la pajarera mediante hormigón armado, cuya armadura de hierro y acero, además, ejerce como contrapunto idóneo para absorber las tensiones de las cuerdas de malla que en él desembocan. La actuación sobre el terreno también comprende la práctica de una depresión de unos 0,50 m hacia el centro de la pajarera, con la cual el arquitecto parece haber querido dirigir la atención del público visitante hacia el núcleo de la intervención arquitectónica y destacar los puntos —ligeramente más elevados que el centro de la pajarera— en los que se insertan los esbeltos mástiles de los que parten los vientos.

La coexistencia de muros acotadores y de contención diseñados por Gribl con otras barreras naturales puede ser considerada ejemplo de cómo el binomio naturaleza-artificialidad se erige en elemento articulador del conjunto de la intervención. En este sentido, la muestra más clara del aprovechamiento de los recursos de la naturaleza la proporciona el arroyo que surca la pajarera y que, a un tiempo, actúa como separación entre las personas y las aves. La carga estética de esta corriente acuática se multiplica mediante la plantación sobre su lecho de numerosas y variadas especies vegetales. Éstas, además de su inherente atractivo, proporcionan a algunos pájaros alimento y un lugar donde aparearse, anidar y criar a sus polluelos.

The combination of natural and human features is present throughout Gribl's work.

Munich, near the Alps, is often below freezing, and this was borne in mind by the architect.

The metallic framework of the aviary is designed to support the weight of the snow during the winter.

La conjunción de elementos de la naturaleza y de otros creados por el hombre es una constante en la actuación de Gribl.

Múnich, en las inmediaciones de los Alpes, soporta gélidas temperaturas, circunstancia contemplada por el arquitecto.

El armazón metálico de la pajarera está ideado para soportar el peso de la nieve durante el invierno.

SESC Itaquera
Ícaro de Castro Mello Arquitetos Associados

Completion date: 1992
Location: São Paulo, Brazil
Client/Promoter: SESC-Serviço Social do Comércio
Collaborators: Rosa Grena Kliass (landscaping)

Although the above list of collaborators is very short, the complete list of companies participating in this complex interdisciplinary project would be too long. So the list has been reduced to the area of most relevance to this collection, the landscaping. In this case, the recreational installations of SESC Itaquera combine an extensive range of leisure activities and services with a very conscientious treatment of the surrounding environment.

The company Ícaro de Castro Mello Arquitetos Associados was responsible for this ambitious project. Their commission to carry out such an ambitious scheme was endorsed by the company's proven experience in all areas of contemporary architecture, although their specialisation is in sporting, aquatic and recreational installations. The enterprise was founded in 1972, but its roots go back to the 1960s, when Ícaro de Castro Mello started his career as an architect. The company was already famous in Brazil and abroad when Claudio Cianciarullo and Eduardo de Castro Mello joined the management team. Even so, their excellent record since then has consolidated their reputation in the contemporary architectural panorama.

Together with Ícaro de Castro Mello, the company's leading figures are Eduardo de Castro Mello, who graduated in 1970 from the Architecture and Urbanism School of São Paulo University, and Claudio Cianciarullo, who graduated from the School of Architecture of

The lake, where various cultural events are held.

Vista del lago en el que se celebran diversos actos culturales.

217

Mackenzie University in 1964. These architects' careers, mainly in Brazil, have combined many aspects (teaching specialised courses, seminars, lectures, many awards, as well as books and articles in architectural magazines) although they have also carried out projects in Jordan, Portugal and Peru. Their many projects include the Brasilia-DF Stadium (1972), the Corinthians Stadium (1980) and the Hotel Estáncia Barra Bonita (1984). Their most important awards have been the Gold Medal from the Salão Paulista de Belas Artes and the diploma awarded by the jury of the International Architecture Biennial.

Behind the ambitious project discussed in this article is the Serviço Social do Comércio, a body linked to the Brazilian commercial sector that works for the well-being of its employees and their family members through the creation of cultural and recreational facilities, such as the one in Itaquera. Two years after the magnificent precedent set by the 1975 inauguration of the Interlagos Country Centre, the SESC acquired an extensive area of 350,000 m² next to the Parque do Carmo, one of the largest green spaces in São Paulo. In spite of being next to this large park, the site had few attractive features (unlike the Interlagos scheme, based on its magnificent natural surroundings). These were limited to a few eucalyptus trees that had been cut several times.

The architects' proposal, drawn up in 1984, was based on the harmonious integration of several built structures around a central space that, like the plazas in Brazil's inland cities, served as a communications centre and as an open-air social and cultural meeting point. This centre, covering an area of 5,000 m², acts as a focal point for the internal dynamics and the viewlines of the entire recreational complex.

Another of the recurring themes that this architectural company usually incorporates into its leisure projects is the aquatic park. Since 1974 the architects have used water's many possibilities as a dynamic element with an undeniable recreational value. Next to the plaza mentioned above there is an aquatic installation covering 5,000 m², with a single vessel divided into 4 segments. The first consists of eight slides between 30 and 90 m long, the second has bubbles, the third has waves, while the fourth is for children. The daring system of cascades, bridges and communications between the four sectors gives the whole scheme a conceptual continuity. The aquatic park's final touch is an 11,000-m² solarium, with shade and rest areas.

The water theme is strengthened by a lake next to the swimming pools, edged by a small amphitheatre where the audience can watch the cultural events held on the small island in the centre. The larger events are held in built structures that combine aesthetic dignity with functional flexibility. The first is the head office, a building covering 2,533 m² with a wide range of entertainment facilities and an excellent view of the open spaces. The second, the Pavilhao de Eventos, articulated around a magnificent central nave, measuring 66.60 x 44.40 m, that can be subdivided into three sports courts. The 1,660-m² main restaurant can be divided to separate club members from the visitors to the aquatic park.

There is also a wide range of open-air sports facilities distributed throughout the site.

To harmonise all this complex program of functions, the designers took special care in the layout of the communication routes. One of their main concerns was to separate cars from pedestrians. To do this, they designed a peripheral road with large parking spaces, thus freeing

The built structures blend with the surroundings.

The pedestrian route allows easy access between the park's different sectors.

Los volúmenes constructivos se integran en el entorno.

El trazado peatonal facilita la comunicación entre los distintos sectores del parque.

the central area. To reduce the negative effects on the environment, the landscaping had to resolve some of the deficiencies of the original site. Since purchase in 1977, the eucalyptus has been enriched by the addition of a mass of vegetation typical of the Atlantic forest. Over time, and due to Rosa Grena Kliass' planning and care, it has attained a notable level of ecological richness.

A pesar de que la nómina de colaboradores que precede a este artículo no parece muy extensa, la relación de empresas y sociedades que han participado en este complejo proyecto multidisciplinar sería en exceso prolija. Por esta razón, la lista se ha reducido para mencionar la labor que más interesa para esta colección, la del paisajismo. En el presente caso, las instalaciones recreativas de SESC Itaquera combinan un completísimo programa de actividades de ocio y servicios con un esmerado tratamiento del entorno medioambiental.

La firma Ícaro de Castro Mello Arquitetos Associados ha sido la encargada de llevar a cabo este ambicioso proyecto. Su elección para una intervención de esta magnitud estaba respaldada por la probada experiencia de la sociedad en todos los ámbitos de la arquitectura contemporánea, aunque su campo de especialización se ha decantado por las instalaciones recreativas, acuáticas y deportivas. A pesar de fundarse en 1972, el germen de la empresa debe buscarse en los años sesenta, década en la que Ícaro de Castro Mello inició su trayectoria arquitectónica. Cuando se incorporaron a la cúpula directiva Claudio Cianciarullo y Eduardo de Castro Mello, la firma ya había alcanzado un notorio prestigio tanto en su país de origen, Brasil, como en el ámbito internacional. No obstante, la solidez de su trayectoria posterior ha consolidado su nombre en el panorama de la arquitectura actual.

Eduardo de Castro Mello, licenciado en 1970 por la Facultad de Arquitectura y Urbanismo de la Universidad de São Paulo, y Claudio Cianciarullo, graduado en 1964 por la Facultad de Arquitectura de la Universidad Mackenzie, son junto a Ícaro de Castro Mello las cabezas visibles de la sociedad. Con una carrera en la que se combinan diversas facetas (cursos de especialización, seminarios, conferencias, numerosos

galardones y publicaciones en libros y revistas del sector), la actividad de estos arquitectos se concentra sobre todo en Brasil, aunque han realizado proyectos en países como Jordania, Portugal o Perú. De su extensa producción basta con recordar el Estadio del Brasilia-DF (1972), el Estadio Corinthians (1980) o el Hotel Estância Barra Bonita (1984). Sus dos reconocimientos más importantes han sido la medalla de oro concedida por el Salão Paulista de Belas Artes o el diploma otorgado por el jurado de la Bienal Internacional de Arquitectura.

Detrás del ambicioso proyecto presentado en estas páginas se encuentra el Serviço Social do Comércio, entidad ligada al sector comercial brasileño que vela por el bienestar de sus empleados y familiares a través de la creación de equipamientos culturales y recreativos como el de Itaquera. Tras el magnífico precedente que supuso la inauguración en 1975 del Centro Campestre de Interlagos, el SESC adquirió dos años más tarde un extenso terreno de 350.000 m² situado junto al Parque do Carmo, una de las mayores zonas verdes de São Paulo. A pesar de la presencia adyacente del citado parque, desde un punto de vista paisajístico el lugar no ofrecía grandes atractivos (a diferencia del proyecto de Interlagos, basado en su magnífico entorno natural): tan sólo unos cuantos eucaliptos, de tercero o cuarto corte, poblaban la zona.

La propuesta de los arquitectos, elaborada en el año 1984, estuvo basada en la integración armónica de varios cuerpos constructivos en torno a un espacio nuclear que, a la manera de las plazas de las ciudades del interior de Brasil, sirviese al mismo tiempo como distribuidor de las comunicaciones y como centro al aire libre de animación sociocultural. Este núcleo central, que abarca una superficie de 5.000 m², actúa como focalizador de la dinámica interna y de las perspectivas visuales de todo el complejo recreativo.

Otro de los temas recurrentes que esta sociedad arquitectónica suele incorporar a sus proyectos para el ocio es el de los parques acuáticos. Desde 1974 los autores han aprovechado las múltiples posibilidades del agua como elemento dinámico y de indudable carácter lúdico. Junto a la citada plaza, se diseñó una instalación acuática de unos 5.000 m², con un vaso único dividido en cuatro segmentos: uno con ocho toboganes de entre 30 y 90 m de longitud; otro con burbujas; un tercero con corrientes; y, por último, uno para el público infantil. El audaz diseño de cascadas, puentes y sistemas comunicativos entre los cuatro sectores confiere unidad conceptual al conjunto. Asimismo, el parque acuático se completa con un solario de 11.000 m², provisto de zonas de sombra y de reposo.

General view of the recreational complex.

The slides area.

Attractive roof design provides shady areas.

Vista general del complejo recreativo.

Vista del área de toboganes.

Las zonas de sombra presentan un atractivo diseño de cubiertas.

View of the tower from the lake.

Vista desde el lago de la torre-mirador.

Nagykálló Cultural Camp
Dezsö Ekler

Completion date: 1989
Location: Nagykálló, Szabolcs-Szatmár(Hungary)
Client/Promoter: Nagykálló Council and the Forestry Company

This remarkable architectural and landscaping project reflects two separate influences that are very different. The first factor is historical and political and refers to the triumph over the totalitarian regime through the recovery of national spirit and identity. The second influence is an explicit homage to the work and creative philosophy of the Hungarian architect Imre Makovecz, whose personal style, strongly rooted in native tradition, has attained great international recognition. He is one of the most brilliant and committed personalities in Hungarian popular culture.

These are the two factors that determined the planning and construction of this cultural complex, which fits both into its magnificent natural surroundings and the rich popular traditions that create the unique Hungarian character. In a period dominated by styles inspired in high-tech, it is surprising to find a work that is inspired by and returns to craft techniques, forms and skills. Furthermore, at a time when nationalist conflicts are especially virulent, it is pleasant to find a scheme that delves into local roots to find its own identity, and then creates something that is clearly both European and universal.

This conceptual framework is the basis for the design by Dezsö Ekler (1953), who graduated from the Architecture Faculty of Budapest Technical University in 1978. He is considered one of the most interesting figures in contemporary Hungarian architecture and his career has been closely linked to his master and colleague, Imre Makovecz. Even so, he has managed to overcome the critical reticence of those who considered him as just an outstanding pupil of his illustrious mentor, and he now enjoys warranted status as a representative of a new way of conceiving and practising architecture.

After graduating, Ekler worked at the Buvatí Research Department until 1987, when he started to collaborate with Makovecz in the Makona planning group. In 1990 he founded the architectural company Kvadrum, together with Tibor Bata, János Jánosi and László Zsigmond. He was also assistant lecturer at the Hungarian Academy of Applied Arts (1985-1987) and at the Faculty of Urbanism at the Technical University of Budapest. His career includes many exhibitions (most with Makovecz), and prestigious awards like the Andrea Palladio International Award for Architecture (Vicenza, 1991). His works include schemes like the Calvinist Chapel at Tiszanagyfalu (1984), the Calvinist Parish House at Tiszavasvári (1984), and the Kaposvár cultural centre and Agricultural University extension (1988), also in Kaposvár.

Between 1986 and 1989, Dezsö Ekler devoted himself almost exclusively to the Nagykálló project. This is because of the scheme's conceptual basis, which gives it a rather dilettantish feel. To put it another way, it is a return to the human resources and craft techniques suppressed under totalitarian rule. Unlike western construction strategies, this architectural system seeks to encourage human freedom and dignity and hope in the future, in the form of a new conception of work within the community.

Leaving aside the Nagykálló cultural centre's complex conceptual basis, its location is the peaceful Szabolcs-Szatmár countryside, typical of the badly-treated southern Hungarian landscape. These rural and natural surroundings are the setting for Ekler's proposal, a camping area, next to which several community buildings have been built to help young people learn about former popular traditions.

Surrounded by landscape features of great ecological value – forests, a lake – the precinct is divided into two clearly differentiated sectors. The first is the camping area, with service infrastructure and parking area, and the second is the cultural and community area, the most aesthetically and conceptually interesting part. It is divided into a series of small buildings housing exhibitions of former craft activities (weaving, pottery, woodcarving, basketry and leatherwork) and holding popular dance and singing events.

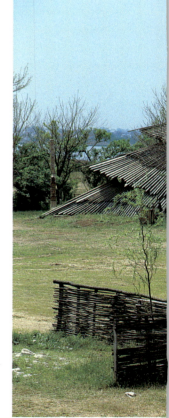

The buildings were built in different phases: the dance building (1986); the canteen and bar (1987); the tower (1988); the reception (1989). In spite of their different forms (star-shaped, spiral and rhomboid floor plans), all of them are in the architect's characteristic style, underlying which is Makovecz's remarkable stylistic virtuosity: the stratification of the elements, touches of symbolic biomorphism and tree-shaped support structures.

The choice of construction materials is also a homage to Makovecz and local architectural traditions: the use of oak and fir, and local calcareous stone for the walls, is ideal for carrying out a project of this type. At this point, we must return to one of the main influences mentioned above, the idea of community work. The work was performed by masons, carpenters, technicians and artisans helped by volunteers, including students and campers.

In addition to the undeniable cultural and historical values of a scheme like this one, the scheme is also exquisitely landscaped, with a treatment based on integration into the landscape and careful distri-

bution, respecting the viewlines towards the natural context and towards the city of Nagykálló.

Sobre este singular proyecto arquitectónico y paisajístico planean dos sombras de distinto signo y contenido. La primera es de carácter histórico-político y está referida a la superación del lastre del totalitarismo a través de la recuperación de la esencia y la identidad nacionales. La segunda constituye un homenaje explícito a la obra y la filosofía creativa de uno de los arquitectos húngaros que, a partir de un lenguaje personal y fuertemente arraigado a la tradición vernácula, ha conseguido una mayor proyección internacional. Se trata de Imre Makovecz, una de las personalidades más brillantes y comprometidas con la cultura popular de Hungría.

Éstos son los dos parámetros determinantes en la planificación y construcción de este complejo cultural, integrado por igual tanto en el magnífico entorno natural que lo circunda como en el rico acervo de tradiciones populares que conforman la idiosincrasia del pueblo húngaro. En plena época de los lenguajes inspirados en el estilo *high-tech*, sorprende una obra que apuesta por el retorno hacia técnicas, formas y materiales de inspiración artesanal. Y, del mismo modo, es una grata sorpresa encontrar, en plena fiebre de conflictos nacionalistas, un proyecto que ahonda en las raíces autóctonas para, a partir de su propia identidad, abrirse paso hacia un sentimiento de vocación netamente europeísta y universal.

En torno a este entramado conceptual se ha urdido la propuesta de Dezsö Ekler (1953), graduado por la Facultad de Arquitectura de la Universidad Técnica de Budapest en 1978. Considerado como una de las figuras más interesantes de la arquitectura húngara contemporánea, la trayectoria de Ekler está profundamente ligada a la de su maestro y compañero Imre Makovecz. No obstante, ha conseguido vencer las reticencias críticas de quienes sólo lo consideraban un alumno aventajado de su ilustre mentor y, en la actualidad, goza de un merecido prestigio como representante de una nueva forma de concebir y ejercer la arquitectura.

Tras su graduación, Ekler forma parte del Departamento de Investigación Buváti hasta que, en 1987, empieza su colaboración con Makovecz dentro del grupo de planificación Makona. En 1990 funda,

View of the interior of the dance building, showing the wooden arboreal structures.

Central esplanade around which the community buildings are arranged.

The reception building, built in 1989.

Front view of the reception building.

Vista interior del edificio de baile, con las estructuras arbóreas en madera.

Explanada central en torno a la que se distribuyen los edificios comunitarios.

El edificio de recepción, construido en 1989.

Perspectiva frontal del cuerpo de recepción.

junto a Tibor Bata, János Jánosi y László Zsigmond, la sociedad arquitectónica Kvadrum. Asimismo, ha ejercido como profesor visitante en la Academia Húngara de Artes Aplicadas (1985-1987) y en la Facultad de Urbanismo de la Universidad Técnica de Budapest (1991). Numerosas exposiciones (la mayoría junto a Makovecz) y galardones tan prestigiosos como el Andrea Palladio International Award for Architecture (Vicenza, 1991) avalan su trayectoria, en la que destacan obras como: el oratorio calvinista de Tiszanagyfalu (1984); la casa parroquial calvinista de Tiszavasvári (1984); o la casa de cultura (1991) y la ampliación de la Universidad de Agricultura (1988), ambas localizadas en Kaposvár.

Entre 1986 y 1989, la dedicación de Dezsö Ekler al proyecto de Nagykálló ha sido casi exclusiva. Este hecho se debe a la concepción filosófica de la obra que, en apariencia, la convierte en un ejercicio de diletantismo. En otras palabras, se puede decir que se trata de un retorno a los recursos humanos y a las técnicas artesanales, que habían sido suprimidos bajo la opresión del totalitarismo. Frente a las estrategias constructivas occidentales, este sistema arquitectónico apuesta por la libertad, la dignidad humana y la esperanza en el futuro, traducidas en un nuevo sentimiento de trabajo en comunidad.

Dejando a un lado la compleja base conceptual del proyecto, el centro cultural de Nagykálló está emplazado en la serena campiña de Szabolcs-Szatmár, cuyas características ejemplifican la esencia paisajística del maltratado sur de Hungría. Este entorno natural y rural sirve de marco a la propuesta de Ekler, que puede ser resumido del siguiente modo: una zona de acampada, junto a la cual se han erigido varias construcciones comunitarias que sirven para dar a conocer a las nuevas generaciones las antiguas tradiciones populares.

Circundado por algunos episodios paisajísticos de indudable valor ecológico –masas forestales, un lago–, el recinto se divide en dos sectores claramente diferenciados: el de acampada (con su infraestructura de servicios y el área de aparcamientos) y el de índole cultural y comunitaria. Éste último es el que presenta un mayor interés, tanto desde el punto de vista estético como conceptual. Su programa está dividido en una serie de pequeñas edificaciones en las que tiene lugar la exhibición de antiguas actividades artesanales (tejidos, cerámica, talla en madera, cestería o trabajos en piel) y la celebración de danzas y cánticos populares.

Las diversas construcciones han sido erigidas en varias fases: el edificio para bailes (1986); el comedor y el bar (1987); la torre-mirador (1988); y la recepción (1989). A pesar de sus distintas formalizaciones

(plantas estrelladas, espirales o romboidales), todas ellas están unificadas en virtud del lenguaje empleado por el autor y en el que subyace el singular virtuosismo estilístico preconizado por Makovecz: estratificación de elementos, destellos de biomorfismo simbólico y estructuras arbóreas de soporte.

También la elección de los elementos constructivos contribuye a rendir homenaje tanto al maestro húngaro como a las tradiciones arquitectónicas autóctonas: la madera de roble y de abeto, junto a los muros de piedra calcárea local, constituyen los materiales idóneos para llevar a cabo un proyecto de estas características. En este punto, hay que retomar uno de los parámetros conceptuales mencionados con anterioridad, el referente al trabajo comunitario. Los artífices de la obra han sido todos mamposteros, carpinteros, técnicos y artesanos locales, a los que también han ayudado voluntariamente los estudiantes y acampados en el recinto.

Además de los innegables valores culturales y patrimoniales de una obra como la presente, no se puede obviar el exquisito tratamiento paisajístico de la intervención, basado en la integración en el entorno y en una calculada distribución que respeta las perspectivas visuales hacia el contexto natural y hacia la ciudad de Nagykálló.

View of the interior of the reception, with wooden structures and furniture.

The trees and lake form an ideal natural setting.

In the background, the tower with its spiral floorplan.

Masonry is an essential element of the canteen.

Toma interior de la recepción, con estructuras y mobiliario en madera.

Las masas forestales y el lago constituyen el marco natural idóneo.

Al fondo, la torre-mirador de planta en espiral.

La mampostería es básica en la construcción del comedor.

232

GreenPia Tsunan

Nikken Sekkei Landscape Design Team

Completion date: 1985
Location: 12300 Akinari, Tsunan-machi, Nakauonuma-gun, Niigata
Prefecture 949-83 (Japan)
Client/Promoter: The Pension Welfare Service Corporation and the
Pensioners' Welfare Promoting Association
Collaborators: Toda Yoshiki Landscape Design, Preck Institute, Maeno
Nozomi Kenchiku, City Institute & Masashi Muraoka

Although it was conceived essentially as a vacation resort for old people, the functional objective of the GreenPia Tsunan complex is much broader: to serve as a reflection and scenario of a mature society, in which all three generations, children, adults and the elderly can live together and relate to each other. For this reason, the project of this interdisciplinary company Nikken Sekkei not only influences the wide range of services on offer, but also in the creation of open spaces where health, sport and nature play the leading role.

Covering a total area of 379 ha, the complex seeks to be a recreational space for the central zone of the Japanese archipelago, stretching from the Kanto to the Joetsu-Shinetsu region. The scheme was greatly conditioned, however, by the varied relief and climatic factors. The architects had to subordinate their design to determining factors, like the heavy snowfall (an average snow cover of 3.2 m) and the variety of features in the heterogeneous landscape.

These initial difficulties turned into incentives, stimulating the imagination and talent of the professionals of Nikken Sekkei, a company that since its foundation in 1950 has become the most important company

Aerial view of GreenPia Tsunan.

Vista aérea del GreenPia Tsunan

in the Japanese architectural and engineering panorama. Its interdisciplinary nature means the company is divided into several specialised groups. The Nikken Sekkei Landscape Design Team takes responsibility for matters directly related to landscaping. This group is structured into three teams, one of which, the Environmental Landscape Group, was directly responsible for the GreenPia Tsunan project.

The wide range of installations, facilities and landscape features required input from specialists from other fields, although general planning and project management were by the Group. Thus, the project was carried out by a wide team of architects, engineers, town planners landscapers, environmental and horticultural experts and designers of sports facilities. This plural system has led to excellent results for the Japanese company, as shown by the awards it has received for works like the Shinjuku Green Tower Building, NEC Corporation Head Office Building and St. Luke's International Hospital.

Located on the gentle slope of the plain of Mount Naeba, at a height of 650 m, the installations of the GreenPia Tsunan are organised around the nerve centre formed by the hotel-spa, whose multifunctionality responds to the needs of a very varied clientele. The rest of the facilities are radially arranged, following a scheme that makes best use of their connection to the surroundings. These include tennis courts, playing fields, cycle routes, a pony ranch, camping area, ski slopes, a miniature golf course and even an open-air stage.

Even so, one of the precinct's most representative spaces is the 5-ha central gardens. Intended as an area for strolling, resting and contemplation, its structure is based on the presence of seven waterfalls, each with a different treatment, and on the streams connecting them. The water used is agricultural and, after passing through the complex, it is returned to its original use. The water is circulated by two submersible 11-kw pumps, disconnected in the winter because the accumulated snow makes it flow naturally. The importance of liquid or solid water in the scheme as a whole is emphasised by the presence of a large pool in the hotel's access square.

With respect to the vegetation, the basic intention was to create a route through the characteristic flora of this region of central Japan. The varied relief and climate was also a decisive factor when it came to establishing the criteria for selecting the plants used. On the one hand, the natural route starts at a mountain ridge, runs through the valley and ends in a wetland area, thus favouring a wide range of vegetation. The very harsh winters made great precautions necessary in planting and maintenance.

This double conditioning led to several alternatives. With regard to the first aspect, the richness of the terrain favours plantings of species as characteristic as the Japanese varieties of camellia and holly, *Daphniphyllum macropodum var. humile* and *Helionopsis orientalis*. In the bog area, occupying almost 2,000 m², the proliferation of reeds that might have prejudiced the growth of the other water plants, such as *Menyanthes trifoliata*, *Nuphar japonicum*, *Caltha palustris var. nipponica* and *Lysichiton camtschatcense*. With respect to the climate, the rigourous winters made it necessary to select very hardy trees with their lowest branches more than 4 metres above the ground; white birch, zelkova, maple and *Sorbus commixta*.

The winter climate also decisively influenced the selection of stony materials used to create circulation routes and outside spaces. Four fac-

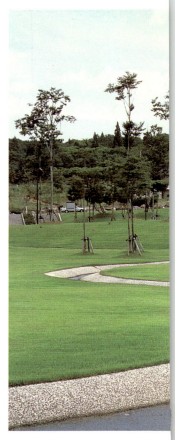
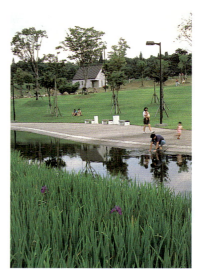
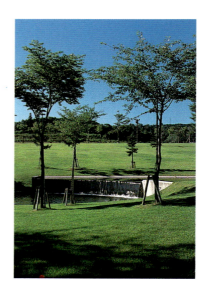
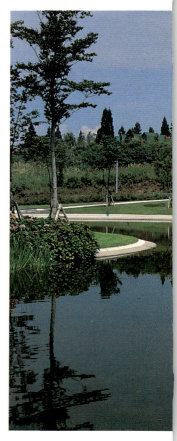

Stones are used to create natural scenes.

The flowing water connects the different areas of the large central garden.

The trees had to be tall to withstand the rigourous winters.

A winding water feature.

The watercourses also regulate pedestrian traffic.

Las piedras dibujan sugestivas escenas naturales.

Los cursos de agua conectan los distintos espacios del gran jardín central.

Las copas de los árboles deben ser muy altas, para superar los rigores invernales.

Sinuoso trazado acuático.

Los cursos de agua también regulan el tráfico peatonal.

tors have been determining; low water absorption, to avoid freezing damage; good workability; cheapness and local acquisition; and good aesthetic qualities.

Thus, granite was used to define the outside plaza and the interior precinct of the hotel. In the landscape design of the external spaces many local stones were used, creating very expressive natural scenes. The main stones used in the fountains and waterfalls are diorite and black granite.

View of one of the lakes in the central garden.

The variety of plants is one of the scheme's characteristics.

The climate made it necessary to take great care in the selection and maintenance of the plants.

Vista de uno de los estanques del jardín central.

La diversidad vegetal es una de las características del lugar.

El clima obliga a extremar las precauciones en el cuidado y mantenimiento de las especies.

Aunque concebido esencialmente como centro vacacional para personas de la tercera edad, el objetivo funcional del complejo de GreenPia Tsunan es mucho más amplio: servir como reflejo y escenario de una sociedad madura, en la que conviven y se interrelacionan las tres generaciones por excelencia, esto es, niños, adultos y ancianos. Por esta razón, el proyecto de la compañía multidisciplinar Nikken Sekkei no sólo incide en la amplitud de la oferta de servicios, sino también en la definición de unos espacios abiertos en los que la salud, el deporte y la naturaleza son los principales protagonistas.

Con una superficie total de 379 Ha, el complejo pretende servir de lugar recreativo para la zona central del archipiélago japonés, en un área que abarca las regiones de Kanto y Joetsu-Shinetsu. Sin embargo, el proyecto se ha visto seriamente condicionado por la variedad orográfica y por los factores climáticos. En este sentido, los autores han tenido que subordinar su planificación a aspectos tan determinantes como las intensas precipitaciones de nieve (3,2 m de altura en invierno, por término medio) o los diversos episodios que ofrece el heterogéneo paisaje.

Estas dificultades iniciales se han convertido en incentivos para estimular la imaginación y el talento de los profesionales de Nikken Sekkei, compañía que, desde su fundación en 1950, se ha convertido en la empresa más importante del panorama arquitectónico y de ingeniería del archipiélago nipón. Su carácter multidisciplinar está articulado en varios grupos especializados. El Nikken Sikkei Landscape Design Team es el encargado de acometer las intervenciones directamente relacionadas con temas paisajísticos. A su vez, este grupo está estructurado en tres equipos, uno de los cuales, el Environmental Landscape Group, ha sido el responsable directo del proyecto del GreenPia Tsunan.

La compleja variedad de instalaciones, equipamientos y motivos paisajísticos ha obligado a contactar con especialistas de otros campos, aunque la planificación general y la dirección del proyecto han corrido a cargo del citado grupo. De esta manera, la actuación ha sido llevada a cabo por un amplio equipo de arquitectos, ingenieros, urbanistas, paisajistas, expertos en plantación y medio ambiente o proyectistas de equipamientos deportivos. Este sistema plural ha dado excelentes resultados a la empresa nipona, como lo demuestran los premios concedidos a obras como: Shinjuku Green Tower Building, NEC Corporation Head Office Building o St. Luke's International Hospital.

Emplazadas sobre la suave pendiente de la llanura del monte Naeba, a una altura de 650 m, las instalaciones del GreenPia Tsunan están organizadas en torno al centro neurálgico que conforma el hotel-balneario, cuya multifuncionalidad responde a las necesidades de una clientela muy variada. La distribución del resto de los equipamientos se realiza de forma radial, siguiendo un esquema que aprovecha la relación con el entorno. Entre los mismos cabe destacar: pistas de tenis, campos de juego, rutas ciclistas, rancho de poneys, zona de acampada, pistas de esquí, minigolf e incluso un escenario al aire libre.

No obstante, uno de los espacios más representativos del recinto es el que corresponde a las cinco hectáreas de los jardines centrales. Concebidos como lugar para el paseo, el reposo y la contemplación, su estructuración está basada sobre la presencia de siete surtidores y cascadas, de distinto tratamiento formal, y sobre las corrientes de agua que las conectan. Se ha aprovechado el agua de uso agrícola que, tras su paso por el complejo, retorna a su función original. La circulación del

Aerial view of the GreenPia Tsunan complex covered in snow.

Vista aérea del GreenPia Tsunan cubierto de nieve.

líquido está impulsada por dos bombas sumergibles, de 11 Kw por hora, que se desconectan durante el invierno debido a que la acumulación de nieve realiza el proceso de manera natural. La importancia que el agua, ya sea de manera líquida o sólida, adquiere en el conjunto del proyecto está enfatizada por la presencia de un gran estanque en la plaza que da acceso al hotel.

Por lo que respecta al tema de la vegetación, la intención básica ha sido la de crear un recorrido por la flora característica de esta zona central del Japón. La diversidad orográfica y climática también ha sido un factor decisivo a la hora de establecer criterios de selección: por una parte, el itinerario natural se inicia en la falda de la montaña, prosigue hacia el valle y concluye en una zona pantanosa, lo que favorece la pluralidad vegetal; por otra, la rigurosidad de los inviernos ha obligado a extremar las precauciones en cuestiones de plantación y mantenimiento.

Este doble condicionamiento se ha traducido en diversas alternativas. En el primer aspecto, la riqueza del terreno facilita la plantación de especies tan características como las variedades niponas de camelias y acebos, *Daphniphyllum macropodum* miq. variedad humile rosenth o *Helionopsis orientalis*. En las zonas pantanosas, que ocupan casi 2.000 m², se ha reducido la proliferación de carrizo que podría perjudicar el crecimiento de otras plantas acuáticas como, por ejemplo, *Menyanthes trifoliata L.*, *Nuphar japonicum*, *Caltha palustris var. nipponica* o *Lysichiton camtschatcense*. Por lo que respecta al factor climático, los rigores invernales han obligado a seleccionar especies arbóreas de gran robustez y con una copa que se eleve sobre los cuatro metros de altura, como mínimo: abedul blanco, zelkova, arce o *Sorbus commixta hedl*.

La climatología invernal también ha influido decisivamente en la elección de los materiales pétreos empleados para concretar los trazados circulatorios y los espacios exteriores. Cuatro han sido los factores determinantes: baja absorción del agua, para evitar posibles resquebrajamientos; facilidad para ser trabajados; adquisición económica y relativamente cercana; y altas cualidades estéticas.

Así, por ejemplo, el granito ha sido el material utilizado en la definición de la plaza exterior y del recinto interior del hotel. En el diseño paisajístico de los espacios exteriores se ha empleado un amplio número de piedras autóctonas, creando escenas naturales de gran expresividad plástica. En las fuentes y cascadas, los principales componentes pétreos son la diorita y el granito negro.

Water plays an aesthetic and playful role.

One of the expressive water installations.

El agua se comporta como elemento estético y lúdico.

Una de las expresivas instalaciones acuáticas.

241

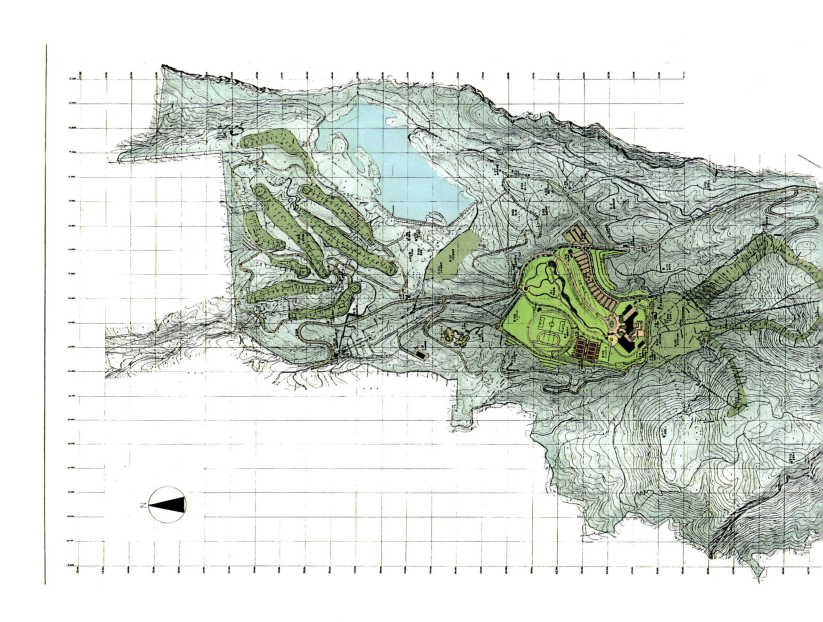

242

General plan of the GreenPia Tsunan installations.

Plano general de las instalaciones del GreenPia Tsunan.

243

Disney's Dixie Landings Resort

EDAW

Completion date: 1992
Location: Orlando, Florida, USA
Client/Promoter: Disney Development Company
Collaborators: Fugleberg Koch Architects

The opening of the new holiday resort for the visitors to the Walt Disney World is an excellent excuse to discuss the work of EDAW, one of the most important firms in landscaping in the second half of the XX century. Its broad, expert and professional team is responsible for this remarkable recreation of the sprit of the deep south, divided into three residential and recreational areas that create an idyllic image of America's recent past.

The EDAW company consists of about 250 professionals, and its name corresponds to the initials of the company's first four members; Eckbo, Dean, Austin and Williams. Now, the company managed by Joseph Brown, Christopher Degenhardt, and Steve Quiggle has many branches throughout Europe, Australia and the Americas. Over the last 20 years the company has received more than 120 awards at local, state and national levels.

Just as its working philosophy is based on control of all the aspects of the creative process, its field of action includes almost all the activities related to landscape architecture and town planning. To select some of their many projects is difficult and fruitless. It is enough to mention such representative works of modern landscaping as the Asia and Pacific Trade Center in Osaka, the Monumental Core of Washington, the Denver Botanic Gardens and the monument in the volcanic area of

One of the hotels at Alligator Bayou.

Uno de los hoteles del Alligator Bayou.

245

Mount St. Helens to see the privileged role EDAW occupies in the contemporary creative panorama.

Together with Joseph Brown, those in charge of the Disney's Dixie Landings scheme were Dennis Carmichael and Todd Hill. The design of this large holiday resort, with 3,000 hotel places, shows a theming based on the spirit of the south. This is achieved by organising the space into three residential units, each with a special character and conceptually, formally and aesthetically united by connection to the deep south.

These three groups are: Port Orleans, a representation of a typical district of the city of New Orleans; Magnolia Bend, a recreation of the plantations of the old south; and Alligator Bayou, an evocation of the architecture and landscape of the Louisiana swamps. These three hotel units, each with about 1,000 places, are articulated along an artificial river, the Sassagoula River, that focuses and separates these sectors.

To represent the legendary city of New Orleans, EDAW chose a conception that is typically urban, based on the geometric simplification of the public areas. Thus, the layout of streets, plazas, gardens and promenades is based on urban designs with a simple, rational geometry. The parking areas are located on the perimeter and all the interior is paved to encourage pedestrian circulation. The functional furnishings, in wrought iron, also help to recreate the atmosphere of this southern city. The large central plaza includes a 557-m^2 pool, featuring sculptural elements to evoke the spirit of the Mardi Gras parades, held during carnival. The winding body of a gigantic serpent creates a series of landscape episodes, such as slides, bridges or cascades.

The second unit of this large complex is Magnolia Bend, whose reference theme is the large plantations of the south before the American Civil War. Here, the 1,000 hotel places are distributed between four independent buildings, based on the sumptuous residences that used to dominate the cotton plantations. These hotels, with their simple but elegant ornamentation, have gardens to the front (facing the pedestrian circuit) and to the rear (facing the River Sassagoula). Respect for pre-existing vegetation, careful design of gardens, flower beds and fountains, and the paths connecting the four buildings, all go to make this sector one of the most attractive features of the entire resort.

Alligator Bayou's planning was conditioned by the presence of two large cypresses and a pine grove, leading the architects to create or three distinct "Villages" to evoke an image of the Louisiana Bayou. The architectural composition of the small hotels is simple and informal. Its articulating axis consists of a pedestrian route connecting the three "cottages" and joining them to the main promenade along the Sassagoula. Small bridges in a traditional style border the wetland areas, and the subtropical vegetation, with cypresses and riverside plants, contributes to evoking the atmosphere of the old south.

To finish, it is necessary to mention the place that is the recreational centre for the entire complex, Ol' Man Island. By dredging the bed of the Sassagoula River, EDAW created an island covering 1,600 m^2, located between Magnolia Bend and Alligator Bayou. Around it, there is a set of recreational installations including a 6,000-square-foot swimming pool, a children's swimming pool, a spa, games areas, bar, terrace and fishing area.

Disney decided on the theme treatment for this resort; a riverside hideaway, with lush, subtropical vegetation recalling a small jungle. The limited range of the original plants, restricted to pines and scrub, made

Alligator Bayou recreates the Louisiana wetlands.

Front facade of one of the Magnolia Bend hotels.

El Alligator Bayou recrea las zonas pantanosas de Louisiana.

Fachada frontal de uno de los hoteles del Magnolia Bend.

it necessary to plant a variety of plants to create the desired image. Even so, one of the main achievements of the entire scheme was transplanting an almost two-century-old oak that now presides over the centre of the artificial island. Its large size and the immense efforts needed to transplant it emphasise the attraction of this large landscaping scheme by the EDAW group.

La apertura de un nuevo centro vacacional para los visitantes del Walt Disney World constituye una excelente excusa para hablar de EDAW, una de las más importantes firmas dentro del panorama paisajístico de la segunda mitad del s XX. A su experto y amplio equipo de profesionales se debe esta singular recreación del espíritu del profundo sur, articulada en tres unidades residenciales y recreativas que conforman una idílica imagen del reciente pasado americano.

Unos 250 profesionales conforman la sociedad EDAW, siglas que corresponden a las iniciales de los cuatro pioneros de la empresa, Eckbo, Dean, Austin and Williams Partnership. En la actualidad, la compañía dirigida por Joseph Brown, Christopher Degenhardt y Steve Quiggle cuenta con numerosas sucursales repartidas por los continentes americano, europeo y australiano, y sólo en los últimos 20 años ha recibido más de 120 galardones de carácter local, estatal y nacional.

Del mismo modo que su filosofía de trabajo está basada en el control de todos los aspectos del proceso creativo, su campo de actuación abarca prácticamente todas las actividades relacionadas con la arquitectura del paisaje y el urbanismo. Seleccionar de entre su extensa obra algunos de sus más celebrados proyectos es una tarea tan ardua como infructuosa. Basta con mencionar obras tan representativas del paisajismo reciente como el Asia and Pacific Trade Center en Osaka, el Monumental Core de Washington, el Denver Botanic Gardens o el monumento de la zona volcánica del Mount St. Helens para hacerse una idea del privilegiado puesto que ocupa EDAW en el panorama creativo contemporáneo.

En el caso del Disney's Dixie Landings Resort, los principales artífices del proyecto, junto a Joseph Brown, han sido Dennis Carmichael y Todd Hill. La planificación de este gran complejo vacacional, con unas 3.000 plazas hoteleras, presenta un carácter temático que se fundamenta en torno a la esencia del espíritu sureño. Para ello, el espacio se ha organizado en tres unidades residenciales, con un carácter distintivo que se unifica en virtud de su relación conceptual, formal y estética con el denominado profundo sur.

Estos tres núcleos son los siguientes: el Port Orleans, representación de un barrio típico de la ciudad de Nueva Orleans; el Magnolia Bend, recreación de las plantaciones del viejo sur; y el Alligator Bayou, una evocación de la arquitectura y el paisaje pantanoso de Louisiana. Estas tres unidades hoteleras, con unas 1.000 plazas cada una, están articuladas en torno a un curso fluvial de factura artificial, el río Sassagoula, que focaliza y, al mismo tiempo, separa cada uno de estos sectores.

Para representar la mítica ciudad de Nueva Orleans, los responsables de EDAW han optado por una concepción típicamente urbana, basada en la simplificación geométrica de los espacios públicos. De esta manera, el trazado de calles, plazas, jardines y paseos está fundamentado en unos patrones urbanísticos de geometría simple y racional. Las zonas de aparcamiento se han distribuido de forma perimetral, mientras

The rear facade of the hotels at Magnolia Bend faces the Sassagoula River.

One of the garden squares in Magnolia Bend.

Pedestrian layout of Magnolia Bend.

La fachada posterior de los hoteles del Magnolia Bend se orienta hacia el río Sassagoula.

Una de las plazas ajardinadas del Magnolia Bend.

Trazado peatonal del Magnolia Bend.

que todo el interior se presenta adoquinado para favorecer la circulación peatonal. El mobiliario funcional, en hierro forjado, también contribuye a recrear la atmósfera de la ciudad sureña. La gran plaza central incluye una superficie acuática de 557 m², que evoca mediante elementos escultóricos el espíritu de los desfiles del Mardi Gras (martes de carnaval). Así, por ejemplo, una gigantesca serpiente traza con su ondulante cuerpo una serie de episodios paisajísticos, tales como toboganes, puentes o cascadas.

La segunda unidad de este gran complejo es el Magnolia Bend, cuya principal referencia temática son las grandes plantaciones sureñas anteriores a la guerra de Secesión. En el presente caso, las 1.000 plazas hoteleras se han repartido en cuatro edificios independientes, a imagen de las suntuosas residencias que presidían los cultivos algodoneros. Estos hoteles, de estructura simple pero elegante profusión ornamental, presentan sendos jardines en su parte frontal (hacia el circuito peatonal) y posterior (hacia el curso fluvial del Sassagoula).

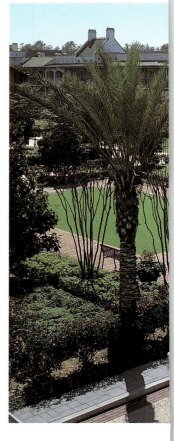

El respeto por la vegetación preexistente, el cuidado diseño de jardines, parterres y fuentes y la interconexión viaria entre los cuatro edificios convierten este sector en uno de los más atractivos del complejo recreativo.

Por lo que respecta al Alligator Bayou, su planificación ha estado condicionada por la presencia de dos grandes cipreses y un pinar, que indujeron a los autores a crear pequeñas aldeas que parecen evocar la imagen de la bahía de Louisiana. La composición arquitectónica de estos hoteles, con unas dimensiones relativamente reducidas, es simple e informal. El eje articulador consiste en un trazado peatonal que conecta los tres edificios y los une con el paseo central que bordea el Sassagoula. Pequeños puentes de factura tradicional franquean las zonas pantanosas, y la vegetación subtropical, con cipreses y plantas ribereñas, contribuye a evocar la atmósfera del viejo territorio sureño.

Por último, hay que hacer referencia al lugar que ejerce como centro recreativo de todo el complejo: el Ol'Man Island. Partiendo de la base del río Sassagoula y mediante obras de dragado, los responsables de EDAW concibieron una isla de unos 1.600 m² de extensión, emplazada entre los espacios del Magnolia Bend y el Alligator Bayou. En torno a la misma, se distribuye un conjunto de instalaciones lúdicas que comprende una piscina de 6.000 pies cuadrados, piscina para niños, balneario, áreas de juego, bar, terraza y zona de pesca.

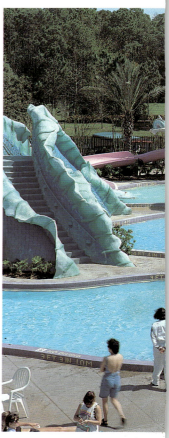

The snake at the Mardi Gras swimming pool, in Port Orleans.

Friendly alligators recall the parades on Mardi Gras.

One of the slides formed by the snake in Port Orleans.

A walk between palms in Port Orleans.

The geometric simplicity of the urban layout is reminiscent of the city of New Orleans.

View of the water installations in Port Orleans.

La serpiente de la piscina del Mardi Gras, en el Port Orleans.

Simpáticos cocodrilos evocan los desfiles del Mardi Gras.

Uno de los toboganes dibujados por la serpiente del Port Orleans.

Paseo entre palmeras en el Port Orleans.

La simplicidad geométrica en el trazado urbano evoca la ciudad de Nueva Orleans.

Vista de las instalaciones acuáticas del Port Orleans.

254

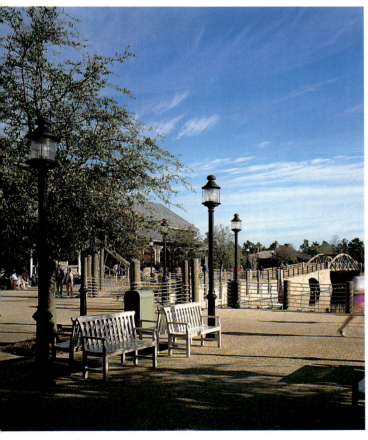

One of the constructions in the Village Center.

The small port for recreational boats.

A bridge crosses the river Sassagoula.

Una de las construcciones de Village Center.

El pequeño puerto para embarcaciones de recreo.

Un puente atraviesa el río Sassagoula.